中华人民共和国公务员法

（修订对照版）

党建读物出版社

目 录

中华人民共和国主席令

（第二十号）

《中华人民共和国公务员法》已由中华人民共和国第十三届全国人民代表大会常务委员会第七次会议于2018年12月29日修订通过，现将修订后的《中华人民共和国公务员法》公布，自2019年6月1日起施行。

中华人民共和国主席　习近平

2018年12月29日

中华人民共和国公务员法

（2005年4月27日第十届全国人民代表大会常务委员会第十五次会议通过　根据2017年9月1日第十二届全国人民代表大会常务委员会第二十九次会议《关于修改〈中华人民共和国法官法〉等八部法律的决定》修正　2018年12月29日第十三届全国人民代表大会常务委员会第七次会议修订）

目　录

第一章　总　　则

第一条　为了规范公务员的管理，保障公务员的合法权益，加强对公务员的监督，促进公务员正确履职尽责，建设信念坚定、为民服务、勤政务实、敢于担当、清正廉洁的高素质专业化公务员队伍，根据宪法，制定本法。

第二条 本法所称公务员，是指依法履行公职、纳入国家行政编制、由国家财政负担工资福利的工作人员。

公务员是干部队伍的重要组成部分，是社会主义事业的中坚力量，是人民的公仆。

第三条 公务员的义务、权利和管理，适用本法。

法律对公务员中领导成员的产生、任免、监督以及监察官、法官、检察官等的义务、权利和管理另有规定的，从其规定。

第四条 公务员制度坚持中国共产党领导，坚持以马克思列宁主义、毛泽东思想、邓小平理论、“三个代表”重要思想、科学发展观、习近平新时代中国特色社会主义思想为指导，贯彻社会主义初级阶段的基本路线，贯彻新时代中国共产党的组织路线，坚持党管干部原则。

第五条 公务员的管理，坚持公开、平等、竞争、择优的原则，依照法定的权限、条件、标准和程序进行。

第六条 公务员的管理，坚持监督约束与激励保障并重的原则。

第七条 公务员的任用，坚持德才兼备、以德为先，坚持五湖四海、任人唯贤，坚持事业为上、公道正派，突出政治标准，注重工作实绩。

第八条 国家对公务员实行分类管理，提高管理效能和科学化水平。

第九条 公务员就职时应当依照法律规定公开进行宪法宣誓。

第十条 公务员依法履行职责的行为，受法律保护。

第十一条 公务员工资、福利、保险以及录用、奖励、培训、辞退等所需经费，列入财政预算，予以保障。

第十二条 中央公务员主管部门负责全国公务员的综合管理工作。县级以上地方各级公务员主管部门负责本辖区内公务员的综合管理工作。上级公务员主管部门指导下级公务员主管部门的公务员管理工作。各级公务员主管部门指导同级各机关的公务员管理工作。

第二章　公务员的条件、义务与权利

第十三条　公务员应当具备下列条件：

（一）具有中华人民共和国国籍；

（二）年满十八周岁；

（三）拥护中华人民共和国宪法，拥护中国共产党领导和社会主义制度；

（四）具有良好的政治素质和道德品行；

（五）具有正常履行职责的身体条件和心理素质；

（六）具有符合职位要求的文化程度和工作能力；

（七）法律规定的其他条件。

第十四条　公务员应当履行下列义务：

（一）忠于宪法，模范遵守、自觉维护宪法和法律，自觉接受中国共产党领导；

（二）忠于国家，维护国家的安全、荣誉和利益；

（三）忠于人民，全心全意为人民服务，接受人民监督；

（四）忠于职守，勤勉尽责，服从和执行上级依法作出的决定和命令，按照规定的权限和程序履行职责，努力提高工作质量和效率；

（五）保守国家秘密和工作秘密；

（六）带头践行社会主义核心价值观，坚守法治，遵守纪律，恪守职业道德，模范遵守社会公德、家庭美德；

（七）清正廉洁，公道正派；

（八）法律规定的其他义务。

第十五条 公务员享有下列权利：

（一）获得履行职责应当具有的工作条件；

（二）非因法定事由、非经法定程序，不被免职、降职、辞退或者处分；

（三）获得工资报酬，享受福利、保险待遇；

（四）参加培训；

（五）对机关工作和领导人员提出批评和建议；

（六）提出申诉和控告；

（七）申请辞职；

（八）法律规定的其他权利。

第三章　职务、职级与级别

第十六条　国家实行公务员职位分类制度。

公务员职位类别按照公务员职位的性质、特点和管理需要，划分为综合管理类、专业技术类和行政执法类等类别。根据本法，对于具有职位特殊性，需要单独管理的，可以增设其他职位类别。各职位类别的适用范围由国家另行规定。

第十七条　国家实行公务员职务与职级并行制度，根据公务员职位类别和职责设置公务员领导职务、职级序列。

第十八条 公务员领导职务根据宪法、有关法律和机构规格设置。

领导职务层次分为：国家级正职、国家级副职、省部级正职、省部级副职、厅局级正职、厅局级副职、县处级正职、县处级副职、乡科级正职、乡科级副职。

第十九条 公务员职级在厅局级以下设置。

综合管理类公务员职级序列分为：一级巡视员、二级巡视员、一级调研员、二级调研员、三级调研员、四级调研员、一级主任科员、二级主任科员、三级主任科员、四级主任科员、一级科员、二级科员。

综合管理类以外其他职位类别公务员的职级序列，根据本法由国家另行规定。

第二十条 各机关依照确定的职能、规格、编制限额、职数以及结构比例，设置本机关公务员的具体职位，并确定各职位的工作职责和任职资格条件。

第二十一条 公务员的领导职务、职级应当对应相应的级别。公务员领导职务、职级与级别的对应关系，由国家规定。

根据工作需要和领导职务与职级的对应关系，公务员担任的领导职务和职级可以互相转任、兼任；符合规定资格条件的，可以晋升领导职务或者职级。

公务员的级别根据所任领导职务、职级及其德才表现、工作实绩和资历确定。公务员在同一领导职务、职级上，可以按照国家规定晋升级别。

公务员的领导职务、职级与级别是确定公务员工资以及其他待遇的依据。

第二十二条 国家根据人民警察、消防救援人员以及海关、驻外外交机构等公务员的工作特点，设置与其领导职务、职级相对应的衔级。

第四章 录 用

第二十三条 录用担任一级主任科员以下

及其他相当职级层次的公务员，采取公开考试、严格考察、平等竞争、择优录取的办法。

民族自治地方依照前款规定录用公务员时，依照法律和有关规定对少数民族报考者予以适当照顾。

第二十四条 中央机关及其直属机构公务员的录用，由中央公务员主管部门负责组织。地方各级机关公务员的录用，由省级公务员主管部门负责组织，必要时省级公务员主管部门可以授权设区的市级公务员主管部门组织。

第二十五条 报考公务员，除应当具备本法第十三条规定的条件以外，还应当具备省级以上公务员主管部门规定的拟任职位所要求的资格条件。

国家对行政机关中初次从事行政处罚决定审核、行政复议、行政裁决、法律顾问的公务员实行统一法律职业资格考试制度，由国务院司法行政部门商有关部门组织实施。

第二十六条 下列人员不得录用为公务员：

（一）因犯罪受过刑事处罚的；

（二）被开除中国共产党党籍的；

（三）被开除公职的；

（四）被依法列为失信联合惩戒对象的；

（五）有法律规定不得录用为公务员的其他情形的。

第二十七条 录用公务员，应当在规定的编制限额内，并有相应的职位空缺。

第二十八条 录用公务员，应当发布招考公告。招考公告应当载明招考的职位、名额、报考资格条件、报考需要提交的申请材料以及其他报考须知事项。

招录机关应当采取措施，便利公民报考。

第二十九条 招录机关根据报考资格条件对报考申请进行审查。报考者提交的申请材料应当真实、准确。

第三十条 公务员录用考试采取笔试和面试等方式进行，考试内容根据公务员应当具备的基本能力和不同职位类别、不同层级机关分别设置。

第三十一条 招录机关根据考试成绩确定考察人选，并进行报考资格复审、考察和体检。

体检的项目和标准根据职位要求确定。具体办法由中央公务员主管部门会同国务院卫生健康行政部门规定。

第三十二条 招录机关根据考试成绩、考察情况和体检结果，提出拟录用人员名单，并予以公示。公示期不少于五个工作日。

公示期满，中央一级招录机关应当将拟录用人员名单报中央公务员主管部门备案；地方各级招录机关应当将拟录用人员名单报省级或者设区的市级公务员主管部门审批。

第三十三条 录用特殊职位的公务员，经省级以上公务员主管部门批准，可以简化程序或者采用其他测评办法。

第三十四条 新录用的公务员试用期为一年。试用期满合格的，予以任职；不合格的，取消录用。

第五章　考　　核

第三十五条　公务员的考核应当按照管理权限，全面考核公务员的德、能、勤、绩、廉，重点考核政治素质和工作实绩。考核指标根据不同职位类别、不同层级机关分别设置。

第三十六条　公务员的考核分为平时考核、专项考核和定期考核等方式。定期考核以平时考核、专项考核为基础。

第三十七条　非领导成员公务员的定期考核采取年度考核的方式。先由个人按照职位职责和有关要求进行总结，主管领导在听取群众意见后，提出考核等次建议，由本机关负责人或者授权的考核委员会确定考核等次。

领导成员的考核由主管机关按照有关规定办理。

第三十八条　定期考核的结果分为优秀、称职、基本称职和不称职四个等次。

定期考核的结果应当以书面形式通知公务员本人。

第三十九条 定期考核的结果作为调整公务员职位、职务、职级、级别、工资以及公务员奖励、培训、辞退的依据。

第六章 职务、职级任免

第四十条 公务员领导职务实行选任制、委任制和聘任制。公务员职级实行委任制和聘任制。

领导成员职务按照国家规定实行任期制。

第四十一条 选任制公务员在选举结果生效时即任当选职务；任期届满不再连任或者任期内辞职、被罢免、被撤职的，其所任职务即终止。

第四十二条 委任制公务员试用期满考核合格，职务、职级发生变化，以及其他情形需要任免职务、职级的，应当按照管理权限和规定的程序任免。

第四十三条 公务员任职应当在规定的编制限额和职数内进行，并有相应的职位空缺。

第四十四条 公务员因工作需要在机关外兼职，应当经有关机关批准，并不得领取兼职报酬。

第七章 职务、职级升降

第四十五条 公务员晋升领导职务，应当具备拟任职务所要求的政治素质、工作能力、文化程度和任职经历等方面的条件和资格。

公务员领导职务应当逐级晋升。特别优秀的或者工作特殊需要的，可以按照规定破格或者越级晋升。

第四十六条 公务员晋升领导职务，按照下列程序办理：

（一）动议；

（二）民主推荐；

（三）确定考察对象，组织考察；

（四）按照管理权限讨论决定；

（五）履行任职手续。

第四十七条 厅局级正职以下领导职务出现空缺且本机关没有合适人选的，可以通过适当方式面向社会选拔任职人选。

第四十八条 公务员晋升领导职务的，应当按照有关规定实行任职前公示制度和任职试用期制度。

第四十九条 公务员职级应当逐级晋升，根据个人德才表现、工作实绩和任职资历，参考民主推荐或者民主测评结果确定人选，经公示后，按照管理权限审批。

第五十条 公务员的职务、职级实行能上能下。对不适宜或者不胜任现任职务、职级的，应当进行调整。

公务员在年度考核中被确定为不称职的，按照规定程序降低一个职务或者职级层次任职。

第八章　奖　　励

第五十一条　对工作表现突出，有显著成绩和贡献，或者有其他突出事迹的公务员或者公务员集体，给予奖励。奖励坚持定期奖励与及时奖励相结合，精神奖励与物质奖励相结合、以精神奖励为主的原则。

公务员集体的奖励适用于按照编制序列设置的机构或者为完成专项任务组成的工作集体。

第五十二条　公务员或者公务员集体有下列情形之一的，给予奖励：

（一）忠于职守，积极工作，勇于担当，工作实绩显著的；

（二）遵纪守法，廉洁奉公，作风正派，办事公道，模范作用突出的；

（三）在工作中有发明创造或者提出合理化建议，取得显著经济效益或者社会效益的；

（四）为增进民族团结，维护社会稳定做

出突出贡献的；

（五）爱护公共财产，节约国家资财有突出成绩的；

（六）防止或者消除事故有功，使国家和人民群众利益免受或者减少损失的；

（七）在抢险、救灾等特定环境中做出突出贡献的；

（八）同违纪违法行为作斗争有功绩的；

（九）在对外交往中为国家争得荣誉和利益的；

（十）有其他突出功绩的。

第五十三条　奖励分为：嘉奖、记三等功、记二等功、记一等功、授予称号。

对受奖励的公务员或者公务员集体予以表彰，并对受奖励的个人给予一次性奖金或者其他待遇。

第五十四条　给予公务员或者公务员集体奖励，按照规定的权限和程序决定或者审批。

第五十五条　按照国家规定，可以向参与特定时期、特定领域重大工作的公务员颁发纪念证书或者纪念章。

第五十六条 公务员或者公务员集体有下列情形之一的，撤销奖励：

（一）弄虚作假，骗取奖励的；

（二）申报奖励时隐瞒严重错误或者严重违反规定程序的；

（三）有严重违纪违法等行为，影响称号声誉的；

（四）有法律、法规规定应当撤销奖励的其他情形的。

第九章 监督与惩戒

第五十七条 机关应当对公务员的思想政治、履行职责、作风表现、遵纪守法等情况进行监督，开展勤政廉政教育，建立日常管理监督制度。

对公务员监督发现问题的，应当区分不同

情况，予以谈话提醒、批评教育、责令检查、诫勉、组织调整、处分。

对公务员涉嫌职务违法和职务犯罪的，应当依法移送监察机关处理。

第五十八条 公务员应当自觉接受监督，按照规定请示报告工作、报告个人有关事项。

第五十九条 公务员应当遵纪守法，不得有下列行为：

（一）散布有损宪法权威、中国共产党和国家声誉的言论，组织或者参加旨在反对宪法、中国共产党领导和国家的集会、游行、示威等活动；

（二）组织或者参加非法组织，组织或者参加罢工；

（三）挑拨、破坏民族关系，参加民族分裂活动或者组织、利用宗教活动破坏民族团结和社会稳定；

（四）不担当，不作为，玩忽职守，贻误工作；

（五）拒绝执行上级依法作出的决定和命令；

（六）对批评、申诉、控告、检举进行压制或者打击报复；

（七）弄虚作假，误导、欺骗领导和公众；

（八）贪污贿赂，利用职务之便为自己或者他人谋取私利；

（九）违反财经纪律，浪费国家资财；

（十）滥用职权，侵害公民、法人或者其他组织的合法权益；

（十一）泄露国家秘密或者工作秘密；

（十二）在对外交往中损害国家荣誉和利益；

（十三）参与或者支持色情、吸毒、赌博、迷信等活动；

（十四）违反职业道德、社会公德和家庭美德；

（十五）违反有关规定参与禁止的网络传播行为或者网络活动；

（十六）违反有关规定从事或者参与营利性活动，在企业或者其他营利性组织中兼任职务；

（十七）旷工或者因公外出、请假期满无正当理由逾期不归；

（十八）违纪违法的其他行为。

第六十条 公务员执行公务时，认为上级的决定或者命令有错误的，可以向上级提出改正或者撤销该决定或者命令的意见；上级不改变该决定或者命令，或者要求立即执行的，公务员应当执行该决定或者命令，执行的后果由上级负责，公务员不承担责任；但是，公务员执行明显违法的决定或者命令的，应当依法承担相应的责任。

第六十一条 公务员因违纪违法应当承担纪律责任的，依照本法给予处分或者由监察机关依法给予政务处分；违纪违法行为情节轻微，经批评教育后改正的，可以免予处分。

对同一违纪违法行为，监察机关已经作

出政务处分决定的，公务员所在机关不再给予处分。

第六十二条 处分分为：警告、记过、记大过、降级、撤职、开除。

第六十三条 对公务员的处分，应当事实清楚、证据确凿、定性准确、处理恰当、程序合法、手续完备。

公务员违纪违法的，应当由处分决定机关决定对公务员违纪违法的情况进行调查，并将调查认定的事实以及拟给予处分的依据告知公务员本人。公务员有权进行陈述和申辩；处分决定机关不得因公务员申辩而加重处分。

处分决定机关认为对公务员应当给予处分的，应当在规定的期限内，按照管理权限和规定的程序作出处分决定。处分决定应当以书面形式通知公务员本人。

第六十四条 公务员在受处分期间不得晋升职务、职级和级别，其中受记过、记大过、降级、撤职处分的，不得晋升工资档次。

受处分的期间为：警告，六个月；记过，十二个月；记大过，十八个月；降级、撤职，二十四个月。

受撤职处分的，按照规定降低级别。

第六十五条 公务员受开除以外的处分，在受处分期间有悔改表现，并且没有再发生违纪违法行为的，处分期满后自动解除。

解除处分后，晋升工资档次、级别和职务、职级不再受原处分的影响。但是，解除降级、撤职处分的，不视为恢复原级别、原职务、原职级。

第十章　培　训

第六十六条 机关根据公务员工作职责的要求和提高公务员素质的需要，对公务员进行分类分级培训。

国家建立专门的公务员培训机构。机关根据需要也可以委托其他培训机构承担公务员培训任务。

第六十七条 机关对新录用人员应当在试用期内进行初任培训；对晋升领导职务的公务员应当在任职前或者任职后一年内进行任职培训；对从事专项工作的公务员应当进行专门业务培训；对全体公务员应当进行提高政治素质和工作能力、更新知识的在职培训，其中对专业技术类公务员应当进行专业技术培训。

国家有计划地加强对优秀年轻公务员的培训。

第六十八条 公务员的培训实行登记管理。

公务员参加培训的时间由公务员主管部门按照本法第六十七条规定的培训要求予以确定。

公务员培训情况、学习成绩作为公务员考核的内容和任职、晋升的依据之一。

第十一章 交流与回避

第六十九条 国家实行公务员交流制度。

公务员可以在公务员和参照本法管理的工作人员队伍内部交流，也可以与国有企业和不参照本法管理的事业单位中从事公务的人员交流。

交流的方式包括调任、转任。

第七十条 国有企业、高等院校和科研院所以及其他不参照本法管理的事业单位中从事公务的人员，可以调入机关担任领导职务或者四级调研员以上及其他相当层次的职级。

调任人选应当具备本法第十三条规定的条件和拟任职位所要求的资格条件，并不得有本法第二十六条规定的情形。调任机关应当根据上述规定，对调任人选进行严格考察，并按照管理权限审批，必要时可以对调任人选进行考试。

第七十一条 公务员在不同职位之间转任应当具备拟任职位所要求的资格条件，在规定的编制限额和职数内进行。

对省部级正职以下的领导成员应当有计

划、有重点地实行跨地区、跨部门转任。

对担任机关内设机构领导职务和其他工作性质特殊的公务员，应当有计划地在本机关内转任。

上级机关应当注重从基层机关公开遴选公务员。

第七十二条 根据工作需要，机关可以采取挂职方式选派公务员承担重大工程、重大项目、重点任务或者其他专项工作。

公务员在挂职期间，不改变与原机关的人事关系。

第七十三条 公务员应当服从机关的交流决定。

公务员本人申请交流的，按照管理权限审批。

第七十四条 公务员之间有夫妻关系、直系血亲关系、三代以内旁系血亲关系以及近姻亲关系的，不得在同一机关双方直接隶属于同一领导人员的职位或者有直接上下级领导关系的职位工作，也不得在其中一方担任领导职务的机关从事组织、人事、纪检、监察、审计和财务工作。

公务员不得在其配偶、子女及其配偶经营的企业、营利性组织的行业监管或者主管部门担任领导成员。

因地域或者工作性质特殊，需要变通执行任职回避的，由省级以上公务员主管部门规定。

第七十五条 公务员担任乡级机关、县级机关、设区的市级机关及其有关部门主要领导职务的，应当按照有关规定实行地域回避。

第七十六条 公务员执行公务时，有下列情形之一的，应当回避：

（一）涉及本人利害关系的；

（二）涉及与本人有本法第七十四条第一款所列亲属关系人员的利害关系的；

（三）其他可能影响公正执行公务的。

第七十七条 公务员有应当回避情形的，本人应当申请回避；利害关系人有权申请公务员回避。其他人员可以向机关提供公务员需要回避的情况。

机关根据公务员本人或者利害关系人的申请，经审查后作出是否回避的决定，也可以不经申请直接作出回避决定。

第七十八条 法律对公务员回避另有规定的，从其规定。

第十二章 工资、福利与保险

第七十九条 公务员实行国家统一规定的工资制度。

公务员工资制度贯彻按劳分配的原则，体现工作职责、工作能力、工作实绩、资历等因素，保持不同领导职务、职级、级别之间的合理工资差距。

国家建立公务员工资的正常增长机制。

第八十条 公务员工资包括基本工资、津贴、补贴和奖金。

公务员按照国家规定享受地区附加津贴、艰苦边远地区津贴、岗位津贴等津贴。

公务员按照国家规定享受住房、医疗等补贴、补助。

公务员在定期考核中被确定为优秀、称职的，按照国家规定享受年终奖金。

公务员工资应当按时足额发放。

第八十一条 公务员的工资水平应当与国民经济发展相协调、与社会进步相适应。

国家实行工资调查制度，定期进行公务员和企业相当人员工资水平的调查比较，并将工资调查比较结果作为调整公务员工资水平的依据。

第八十二条 公务员按照国家规定享受福利待遇。国家根据经济社会发展水平提高公务员的福利待遇。

公务员执行国家规定的工时制度，按照国家规定享受休假。公务员在法定工作日之外加班的，应当给予相应的补休，不能补休的按照国家规定给予补助。

第八十三条 公务员依法参加社会保险，按照国家规定享受保险待遇。

公务员因公牺牲或者病故的，其亲属享受国家规定的抚恤和优待。

第八十四条 任何机关不得违反国家规定自行更改公务员工资、福利、保险政策，擅自提高或者降低公务员的工资、福利、保险待遇。任何机关不得扣减或者拖欠公务员的工资。

第十三章 辞职与辞退

第八十五条 公务员辞去公职，应当向任免机关提出书面申请。任免机关应当自接到申请之日起三十日内予以审批，其中对领导成员辞去公职的申请，应当自接到申请之日起九十日内予以审批。

第八十六条 公务员有下列情形之一的，不得辞去公职：

（一）未满国家规定的最低服务年限的；

（二）在涉及国家秘密等特殊职位任职或者离开上述职位不满国家规定的脱密期限的；

（三）重要公务尚未处理完毕，且须由本人继续处理的；

（四）正在接受审计、纪律审查、监察调查，或者涉嫌犯罪，司法程序尚未终结的；

（五）法律、行政法规规定的其他不得辞去公职的情形。

第八十七条 担任领导职务的公务员，因工作变动依照法律规定需要辞去现任职务的，应当履行辞职手续。

担任领导职务的公务员，因个人或者其他原因，可以自愿提出辞去领导职务。

领导成员因工作严重失误、失职造成重大损失或者恶劣社会影响的，或者对重大事故负有领导责任的，应当引咎辞去领导职务。

领导成员因其他原因不再适合担任现任领导职务的，或者应当引咎辞职本人不提出辞职的，应当责令其辞去领导职务。

第八十八条 公务员有下列情形之一的，予以辞退：

（一）在年度考核中，连续两年被确定为不称职的；

（二）不胜任现职工作，又不接受其他安排的；

（三）因所在机关调整、撤销、合并或者缩减编制员额需要调整工作，本人拒绝合理安排的；

（四）不履行公务员义务，不遵守法律和公务员纪律，经教育仍无转变，不适合继续在机关工作，又不宜给予开除处分的；

（五）旷工或者因公外出、请假期满无正当理由逾期不归连续超过十五天，或者一年内累计超过三十天的。

第八十九条 对有下列情形之一的公务员，不得辞退：

（一）因公致残，被确认丧失或者部分丧失工作能力的；

（二）患病或者负伤，在规定的医疗期内的；

（三）女性公务员在孕期、产假、哺乳期内的；

（四）法律、行政法规规定的其他不得辞退的情形。

第九十条　辞退公务员，按照管理权限决定。辞退决定应当以书面形式通知被辞退的公务员，并应当告知辞退依据和理由。

被辞退的公务员，可以领取辞退费或者根据国家有关规定享受失业保险。

第九十一条　公务员辞职或者被辞退，离职前应当办理公务交接手续，必要时按照规定接受审计。

第十四章　退　　休

第九十二条　公务员达到国家规定的退休年龄或者完全丧失工作能力的，应当退休。

第九十三条 公务员符合下列条件之一的，本人自愿提出申请，经任免机关批准，可以提前退休：

（一）工作年限满三十年的；

（二）距国家规定的退休年龄不足五年，且工作年限满二十年的；

（三）符合国家规定的可以提前退休的其他情形的。

第九十四条 公务员退休后，享受国家规定的养老金和其他待遇，国家为其生活和健康提供必要的服务和帮助，鼓励发挥个人专长，参与社会发展。

第十五章 申诉与控告

第九十五条 公务员对涉及本人的下列人事处理不服的，可以自知道该人事处理之日起三十日内向原处理机关申请复核；对复核结果不服的，可以自接到复核决定之日起十五日内，按照规定向同级公务员主管部门或者作出该人事处理的机关的上一级机关提出申诉；也可以不经复核，自知道该人事处理之日起三十日内直接提出申诉：

（一）处分；

（二）辞退或者取消录用；

（三）降职；

（四）定期考核定为不称职；

（五）免职；

（六）申请辞职、提前退休未予批准；

（七）不按照规定确定或者扣减工资、福利、保险待遇；

（八）法律、法规规定可以申诉的其他情形。

对省级以下机关作出的申诉处理决定不服的，可以向作出处理决定的上一级机关提出再申诉。

受理公务员申诉的机关应当组成公务员申诉公正委员会，负责受理和审理公务员的申诉案件。

公务员对监察机关作出的涉及本人的处理决定不服向监察机关申请复审、复核的，按照有关规定办理。

第九十六条 原处理机关应当自接到复核申请书后的三十日内作出复核决定，并以书面形式告知申请人。受理公务员申诉的机关应当自受理之日起六十日内作出处理决定；案情复杂的，可以适当延长，但是延长时间不得超过三十日。

复核、申诉期间不停止人事处理的执行。

公务员不因申请复核、提出申诉而被加重处理。

第九十七条 公务员申诉的受理机关审查认定人事处理有错误的，原处理机关应当及时予以纠正。

第九十八条 公务员认为机关及其领导人员侵犯其合法权益的，可以依法向上级机关或者监察机关提出控告。受理控告的机关应当按照规定及时处理。

第九十九条 公务员提出申诉、控告，应当尊重事实，不得捏造事实，诬告、陷害他人。对捏造事实，诬告、陷害他人的，依法追究法律责任。

第十六章 职位聘任

第一百条 机关根据工作需要，经省级以上公务员主管部门批准，可以对专业性较强的职位和辅助性职位实行聘任制。

前款所列职位涉及国家秘密的，不实行聘任制。

第一百零一条 机关聘任公务员可以参照公务员考试录用的程序进行公开招聘，也可以从符合条件的人员中直接选聘。

机关聘任公务员应当在规定的编制限额和工资经费限额内进行。

第一百零二条 机关聘任公务员，应当按照平等自愿、协商一致的原则，签订书面的聘任合同，确定机关与所聘公务员双方的权利、义务。聘任合同经双方协商一致可以变更或者解除。

聘任合同的签订、变更或者解除，应当报同级公务员主管部门备案。

第一百零三条 聘任合同应当具备合同期限，职位及其职责要求，工资、福利、保险待遇，违约责任等条款。

聘任合同期限为一年至五年。聘任合同可以约定试用期，试用期为一个月至十二个月。

聘任制公务员实行协议工资制，具体办法由中央公务员主管部门规定。

第一百零四条 机关依据本法和聘任合同对所聘公务员进行管理。

第一百零五条 聘任制公务员与所在机关之间因履行聘任合同发生争议的，可以自争议发生之日起六十日内申请仲裁。

省级以上公务员主管部门根据需要设立人

事争议仲裁委员会，受理仲裁申请。人事争议仲裁委员会由公务员主管部门的代表、聘用机关的代表、聘任制公务员的代表以及法律专家组成。

当事人对仲裁裁决不服的，可以自接到仲裁裁决书之日起十五日内向人民法院提起诉讼。仲裁裁决生效后，一方当事人不履行的，另一方当事人可以申请人民法院执行。

第十七章　法律责任

第一百零六条　对有下列违反本法规定情形的，由县级以上领导机关或者公务员主管部门按照管理权限，区别不同情况，分别予以责令纠正或者宣布无效；对负有责任的领导人员和直接责任人员，根据情节轻重，给予批评教育、责令检查、诫勉、组织调整、处分；构成犯罪的，依法追究刑事责任：

（一）不按照编制限额、职数或者任职资

格条件进行公务员录用、调任、转任、聘任和晋升的；

（二）不按照规定条件进行公务员奖惩、回避和办理退休的；

（三）不按照规定程序进行公务员录用、调任、转任、聘任、晋升以及考核、奖惩的；

（四）违反国家规定，更改公务员工资、福利、保险待遇标准的；

（五）在录用、公开遴选等工作中发生泄露试题、违反考场纪律以及其他严重影响公开、公正行为的；

（六）不按照规定受理和处理公务员申诉、控告的；

（七）违反本法规定的其他情形的。

第一百零七条 公务员辞去公职或者退休的，原系领导成员、县处级以上领导职务的公务员在离职三年内，其他公务员在离职两年内，不得到与原工作业务直接相关的企业或者其他营利性组织任职，不得从事与原工作业务直接相关的营利性活动。

公务员辞去公职或者退休后有违反前款规定行为的，由其原所在机关的同级公务员主管部门责令限期改正；逾期不改正的，由县级以上市场监管部门没收该人员从业期间的违法所得，责令接收单位将该人员予以清退，并根据情节轻重，对接收单位处以被处罚人员违法所得一倍以上五倍以下的罚款。

第一百零八条 公务员主管部门的工作人员，违反本法规定，滥用职权、玩忽职守、徇私舞弊，构成犯罪的，依法追究刑事责任；尚不构成犯罪的，给予处分或者由监察机关依法给予政务处分。

第一百零九条 在公务员录用、聘任等工作中，有隐瞒真实信息、弄虚作假、考试作弊、扰乱考试秩序等行为的，由公务员主管部门根据情节作出考试成绩无效、取消资格、限制报考等处理；情节严重的，依法追究法律责任。

第一百一十条 机关因错误的人事处理对

公务员造成名誉损害的，应当赔礼道歉、恢复名誉、消除影响；造成经济损失的，应当依法给予赔偿。

第十八章　附　　则

第一百一十一条　本法所称领导成员，是指机关的领导人员，不包括机关内设机构担任领导职务的人员。

第一百一十二条　法律、法规授权的具有公共事务管理职能的事业单位中除工勤人员以外的工作人员，经批准参照本法进行管理。

第一百一十三条　本法自 2019 年 6 月 1 日起施行。

中国公务员制度的重大改革和完善

——中共中央组织部负责人就修订公务员法答记者问

在新修订的《中华人民共和国公务员法》（以下简称公务员法）颁布之际，中共中央组织部负责人就公务员法的修订和学习贯彻等问题，回答了记者的提问。

问：公务员法在加强公务员队伍建设中起到了什么作用？

答：公务员法是我国干部人事管理中第一部基础性法律，是公务员管理的基本依据，是改革开放以来党政机关干部人事制度改革成果的集中体现，反映了机关干部人事管理的基本规律和要求，具有鲜明的中国特色。公务员法自 2006 年 1 月 1 日施行以来，在建设高素质专业化公务员队伍中发挥了重要作用，取得了明显成效：一是公务员管理基本实现了有法可依、有章可循。以公务员法为主体，先后制定涵盖公务员录用、考核、职务任免与升降、奖励、惩戒、回避、培训、调任、辞职、辞退、申诉、聘任等 30 多个配套政策法规，逐步形成较为完整的公务员管理制度体系，公务员的进入退出机制、教育培训机制、考核评价机制、激励约束机制不断完善。二是极大地促进了公务员队伍结构优化。公务员考录制度坚持“凡进必考”，从源头上确保了公务员队伍的高素质，公务员队伍的来源、经历、专业、学历结构得到极大优化。与 2006 年相比，2017 年具有大学本科以上学历人员占公务员总数的比例由 43% 提高到 71.9%；35 岁以下的比例由 25.6% 提高到 27.8%；女性的比例由 22.8% 提高到 26.5%。三是极大地促进了公务员素质能力提升。公务员制度建立以来，持续开展公务员初任培训、任职培训、专门业务培训、在职培训，突出加强政治理论培训和专业能力培训，组织公务员深入学习贯彻习近平新时代中国特色社会主义思想、中央重大战略决策部署和重要法规制度。大力开展政策理论、业务知识、科技人文知识等方面培训。持续推进公务员交流工作，积极选派公务员到基层一线培养锻炼，加大对口援派干部工作力度，公务员队伍的政治素质和专业能力不断提高。

问： 请您介绍一下为什么要修订公务员法？

答： 随着中国特色社会主义进入新时代，党和国家事业取得了历史性成就，发生了历史性变革，对公务员队伍建设和公务员工作提出了许多新要求，公务员法的一些规定也出现了一些不适应、不符合新形势新要求的地方，需要与时俱进地加以修订完善。一是贯彻落实习近平新时代中国特色社会主义思想的需要。

习近平新时代中国特色社会主义思想明确了新时代党的组织路线，对干部工作提出了一系列新精神新要求，为公务员制度建设和队伍建设提供了根本遵循，必须在公务员法中予以体现。二是坚持和加强党对公务员工作领导的需要。贯彻落实党的十九大和十九届三中全会要求，加强党对公务员队伍的集中统一领导，必须将坚持和加强党对公务员工作的领导、党管干部原则等要求进一步体现到公务员法具体规定中。三是深入推进公务员分类改革的需要。推行公务员职务与职级并行制度，是党的十八届三中全会确定的重大改革任务，经过一年多的实践，试点工作取得明显成效，制度设计切实可行，已经具备在全国范围推开的条件。同时，干部选拔任用制度、公务员分类管理、公务员聘任制改革等深入推进，这些改革成果也需要通过修订公务员法进一步加以巩固。四是贯彻落实建设高素质专业化干部队伍决策部署的需要。党的十九大和全国组织工作会议对建设忠诚干净担当的高素质专业化干部队伍提出了明确要求，贯彻落实党中央决策部署，需要公务员法提供更有力的法律保障，特别是需要针对公务员队伍建设中存在的突出问题，采取有针对性的举措，作出有针对性的规定。

问：请介绍一下这次修订公务员法的简要过程和遵循原则？

答：公务员法修订工作是从 2017 年 3 月启动的，到今年 12 月正式颁布，历时 1 年 10 个月。修订过程是我们不断学习习近平新时代中国特色社会主义思想、深化理解的过程，不断分析问题、解决问题的过程，不断听取意见、凝聚共识的过程，从总体上看还是比较顺利的。一是中央高度重视。2016 年 11 月，中央领导同志在审议《关于建立公务员职务与职级并行制度的试点意见》时指出，要统筹做好公务员法修订工作。2017 年 4 月，党中央正式批准修法工作。2018 年 9 月，中央党的建设工作领导小组会议专题对修订草案进行了审议。12 月 10 日，修订草案报中央政治局常委会会议审议。二是深入研究、广泛听取意见。2017 年 6 月以来，中央组织部、人力资源和社会保障部、原国家公务员局开展专题调研、组织课题研究、书面征求各省区市公务员主管部门意见建议，并邀请立法部门有关专家和部分省级公务员主管部门的业务骨干组成修法工作小组进行深入研讨，在此基础上研究起草了公务员法修订草案初稿。2018 年 7 月，广泛征求 31 个省（区、市）和新疆生产建设兵团以及中央各部门单位的意见。其间，多次召开座谈会听取各方面意见。11 月 1 日—30 日在中国人大网面向社会公开征求意见。三是立法机构认真审议。全国人大宪法和法律委员会、全国人大常委会法工委对修订草案先后进行了多次研究修改，并到地方调研、召开座谈会广泛听取意见。10 月 26 日和 12 月 25 日，第十三届全国人民代表大会常务委员会第六次和第七次会议先后进行了两次分组审议，委员们进行了认真讨论，并提出了很多很好的意见建议。12 月 29 日，经第十三届全国人民代表大会常务委员会第七次会议审议通过，国家主席习近平签署第二十号主席令予以公布。

修订工作主要遵循了以下原则：一是坚持正确方向，体现中国特色。把深入贯彻习近平新时代中国特色社会主义思想、坚持和加强党的领导、坚持中国特色社会主义制度、贯彻新时代党的组织路线、坚持党管干部原则、旗帜鲜明讲政治、践行社会主义核心价值观等要求体现到公务员法修订过程和具体规定中。二是坚持问题导向，巩固改革成果。立足于既有制度框架，根据工作实际需要，将已经成熟的政策规定和重大改革成果上升为法律规范；对不适应现实情况、改革要求的规定及时修改；对已经形成共识、必须改的作出修改，可改可不改的原则上不改，不成熟、有争议的不改，确保法律的连续性、稳定性、权威性。三是坚持严管和厚爱结合，完善制度举措。落实党的十八大以来中央全面从严治党、从严管理干部和习近平总书记关于坚持严管和厚爱结合、激励和约束并重的要求，在从严教育、从严管理、从严监督公务员方面细化实化制度举措，同时，围绕激励公务员新时代新担当新作为，进一步完善公务员激励保障制度规定。四是坚持民主立法，提高修法质量。广泛听取、认真吸纳各级机关、广大公务员、社会公众和人大代表、政协委员、专家学者的意见建议，使公务员法的修改更能反映时代声音，体现实践要求，同时，进一步理顺公务员法与宪法、法律、党内法规的关系。

问：在征求意见过程中，社会公众对修订公务员法有什么意见建议，具体是怎么处理的？

答：公务员法修订草案在中国人大网全文公布后，引起了社会各方面的高度关注和热情参与，共有 29374 人提出了 56778 条意见，主要集中在公务员职级层次设置，职务、职级与级别的关系，职务、职级任免，纪律、录用、交流、遴选，工资、津贴补贴和奖金等方面。这些意见集中反映了人民群众对修订完善公务员法的愿望和期待。我们按照能吸收尽量吸收的原则，对征求到的意见进行了认真梳理研究。有的意见建议已经吸收到法里了，比如强调干部要能上能下，增加录用公示时间等；有的是比较具体的、属于操作层面的建议，我们考虑在下一步修改完善公务员法相关配套法规中予以体现；还有一些意见建议是对于法条理解不准确，或者针对少部分公务员的特殊情况提出的，不具有普遍性，不宜吸收到法中。通过公开征求意见，使我们充分了解到包括广大公务员在内社会各界对加强公务员制度建设和队伍建设的诉求和希望，这对进一步做好公务员工作有极大帮助。借此机会，也对大家的广泛参与表示衷心的感谢。

问：公务员法主要作了哪些方面的修订？

答：新修订的公务员法由原来的 18 章

107 条调整为 18 章 113 条，增加 6 条，实质性修改 49 条，个别文字修改 16 条，条文顺序调整 2 条，主要在以下几个方面作了补充调整和完善：一是突出了政治要求。把习近平新时代中国特色社会主义思想作为公务员制度必须长期坚持的指导思想。把坚持和加强党的领导、坚持中国特色社会主义制度等一系列政治要求，体现到立法目的、管理原则、条件义务等规定中，把落实好干部标准贯穿公务员管理全过程和主要环节，进一步彰显了中国特色。二是调整完善公务员职务、职级等有关规定。进一步推进公务员分类改革，改造非领导职务为职级，实行职务与职级并行制度，对领导职务与职级的任免、升降以及与此相关的条文进行了修改。三是调整充实从严管理干部有关规定。将第九章章名“惩戒”调整为“监督与惩戒”，增加了加强公务员监督和公务员应当遵守的纪律等规定，修改完善了回避情形、责令辞职、离职后从业限制等规定，增加了在录用、聘任等工作中违纪违法有关法律责任的规定。四是贯彻落实党中央关于加强正向激励的要求，健全完善公务员激励保障机制，加强了对公务员合法权益的保护。五是根据公务员管理实践需要，对分类考录、分类考核、分类培训等进一步提出明确要求，对公务员考核方式、宪法宣誓、公开遴选等方面作了修改。

问：党的十九大提出坚持党对一切工作的领导，请问新修订的公务员法是如何确保这一基本方略得到贯彻落实的？

答：党政军民学，东西南北中，党是领导一切的。新修订的公务员法将坚持党对一切工作的领导这一基本方略集中体现在总则中，并贯穿公务员管理进、管、出各环节。在总则中，旗帜鲜明地提出公务员制度坚持中国共产党领导，将科学发展观和习近平新时代中国特色社会主义思想作为必须长期坚持的指导思想，贯彻落实新时代党的组织路线，坚持党管干部原则，强化好干部标准，突出政治标准选人用人育人，鲜明地提出公务员是干部队伍的重要组成部分，是社会主义事业的中坚力量，是人民的公仆。同时，在各章节中也充分体现了坚持和加强党的领导这一最大特色。比如，将拥护中国共产党领导和社会主义制度列为公务员的基本条件，将自觉接受中国共产党的领导列为应当履行的义务，将被开除中国共产党党籍的人员列为不得录用为公务员的对象，将不得散布有损中国共产党声誉的言论列为必须遵守的纪律，强化对政治素质的考核培训等，这些规定都将有利于教育和引导广大公务员强化“四个意识”，坚定“四个自信”，对党绝对忠诚，提高政治能力，遵守政治纪律和政治规矩，坚决维护习近平总书记核心地位，坚决维护党中央权威和集中统一领导，坚决贯彻党的基本理论、基本路线、基本方略。

问： 新修订的公务员法确立了公务员职务与职级并行制度，请问作出这一改革是如何考虑的，制度是如何设计的？

答：推行公务员职务与职级并行、职级与待遇挂钩制度，是党的十八届三中全会作出的重大改革部署，目的是调动广大公务员的积极性、主动性和创造性，完善公务员制度机制，推进公务员分类管理，加强专业化建设，拓宽公务员尤其是基层公务员职业发展空间，实现对公务员的持续激励，有利于解决非领导职务设置存在的属性界定不清晰、设置不科学不合理等问题。落实中央要求，新修订的公务员法明确规定国家实行公务员职务与职级并行制度，在具体的制度设计上：一是重新设置了职级序列，规定综合管理类公务员职级序列由高至低依次为一级巡视员、二级巡视员、一级调研员、二级调研员、三级调研员、四级调研员、一级主任科员、二级主任科员、三级主任科员、四级主任科员、一级科员、二级科员。与原来的非领导职务相比，增加4个层级。二是对职级晋升条件和程序作出原则规定。三是明确专业技术类、行政执法类公务员职级设置根据本法由国家另行规定，留出制度接口。之前，这项制度在天津市和教育部等部分地方和中央部委开展了试点工作，受到了普遍欢迎，取得了明显成效，已经具备在全国推行的基础和条件。

问： 新修订的公务员法是如何体现中央从严管理干部要求的？

答： 习近平总书记指出，要把从严管理干部贯彻落实到干部队伍建设全过程。新修订的公务员法与监察法、《中国共产党纪律处分条例》等相衔接，进一步扎牢从严管理公务员的制度笼子。一是严管链条更加完整。新修订的公务员法将原第九章章名“惩戒”调整为“监督与惩戒”，增加了两条监督方面的规定，把监督作为从严管理公务员的一个重要环节在法中予以明确，规定机关应当对公务员的思想政治、履行职责、作风表现、遵纪守法等情况进行监督，对监督发现问题的，应当区分不同情况，予以谈话提醒、批评教育、责令检查、诫勉、组织调整、处分；规定公务员必须按照规定请示报告工作、报告个人有关事项，使公务员的监督与相关法律法规有机衔接。二是纪律约束更加严明。在遵守政治纪律和政治规矩方面，增加不得“散布有损宪法权威、中国共产党声誉的言论”“组织或者参加旨在反对宪法、中国共产党领导的集会、游行、示威等活动”“挑拨、破坏民族关系，参加民族分裂活动或者组织、利用宗教活动破坏民族团结和社会稳定”等禁止性规定；针对“为官不为”问题，将“不担当，不作为”列入不得违反的纪律行为；针对个别公务员网络行为失范、缺少自律问题，将“违反有关规定参与禁止的网络传播行为或者网络活动”列入不得违反的纪律行为。三是重点监督措施更具有针对性。根据工作实践，新修订的公务员法对任职回避情形、地域回避情形、离职后从业限制规定等作了相应修改完善，特别是增加了“公务员不得在其配偶、子女及其配偶经营的企业、营利性组织的行业监管或者主管部门担任领导成员”，体现了对“关键少数”从严管理的要求。完善责令辞职规定，明确“领导成员因其他原因不再适合担任现任领导职务的，或者应当引咎辞职本人不提出辞职的，应当责令其辞去领导职务”，从而督促其正确履行职责、积极有效作为。此外，新修订的公务员法还规定“公务员的职务、职级实行能上能下，对不适宜或者不胜任现任职务、职级的，应当进行调整”，推动形成能者上、庸者下、劣者汰的用人导向和从政环境。

问：新修订的公务员法在激励公务员新担当新作为方面有哪些新的规定？

答：新修订的公务员法在坚持从严管理公务员的同时，加强正向激励、关心关爱，除了建立公务员职务与职级并行制度外，围绕充分调动和激发广大公务员的积极性，还提出了以下几个方面的措施。一是健全考核评价机制。新增专项考核方式，规定考核指标根据不同职位类别、不同层级机关分别设置，着力解决一把尺子量到底问题。加强考核结果的使用，明确“定期考核的结果作为调整公务员职位、职务、职级、级别、工资以及公务员奖励、培训、辞退的依据”，“公务员在年度考核中被确定为不称职的，按照规定程序降低一个职务或者职级层次任职”，进一步强化考核的“指挥棒”作用。二是健全奖励机制。规定公务员奖励要坚持定期奖励与及时奖励相结合，突出奖励时效性；将“勇于担当”作为奖励的重要情形，树立崇尚担当作为的良好导向；规定“可以向参与特定时期、特定领域重大工作的公务员颁发纪念证书或者纪念章”，以进一步提升公务员的职业荣誉感。三是完善权益保障机制。针对公务员工作任务重、压力大，经常加班加点的情况，规定公务员在法定工作日之外加班的，应当给予相应的补休，不能补休的按照国家规定给予补助。按照公务员养老等保险与社会保险相衔接的要求，对公务员的保险规定作了相应修改。进一步完善了公务员申诉控告条款，明确公务员不因申请复核、提出申诉而被加重处理，保障公务员提出批评、申诉、控告或者检举的权利，明确规定不得对批评、申诉、控告、检举进行压制或者打击报复。同时，规定对捏造事实，诬告、陷害他人的，依法追究法律责任。

问：最后，请您谈谈下一步对贯彻落实新修订的公务员法有什么具体部署和要求？

答：新修订的公务员法将于 2019 年 6 月 1 日起正式实施。之所以这样规定，主要考虑：一是公务员法的修订是我国干部人事制度改革的一件大事，是公务员制度的重大改革和完善，正式实施前需要有一个阶段集中进行广泛宣传解读，以营造良好的社会氛围，确保法律的贯彻实施取得成效；二是根据党和国家机构改革要求，所有地方机构改革任务在 2019 年 3 月底前基本完成，明确在地方机构改革到位后再施行公务员法更为稳妥；三是新修订的公务员法的实施，最主要的是在全国推行公务员职务与职级并行制度，这项工作政治性、政策性强，正式实施前要制定相关配套办法和规定，抓好人员政策学习培训等，这也需要一个过程。

贯彻落实新修订的公务员法，是一项严肃的政治任务。各级党委（党组）要站在战略和全局高度，充分认识贯彻实施工作的重要意义，切实加强组织领导。各级组织人事部门要在党委（党组）领导下，认真履行职责，有序有力有效地推动公务员法的落实。要加大宣传力度，深入宣传公务员法修订的重要意义和主要内容，在全社会营造学法知法的良好舆论氛围。要加强学习培训，把公务员法纳入各级党委（党组）理论中心组学习和领导干部任职培训的必修内容以及各级党校（行政学院）的教学计划，把学习公务员法与学习贯彻习近平新时代中国特色社会主义思想结合起来，与践行新时代党的组织路线结合起来，与学习宪法、党内法规结合起来，促使领导干部熟悉和带头践行公务员法，组织人事干部精通和严格执行公务员法，广大公务员了解和自觉遵守公务员法。要以学习贯彻新修订的公务员法为契机，全面加强公务员队伍思想政治、能力作风建设，把公务员队伍建设的成效作为检验公务员法贯彻落实成效的重要标准。要切实加强对公务员法执行情况的监督检查，坚决纠正违反公务员法的行为，确保各项制度规定落到实处，切实维护公务员法的严肃性和权威性。

（《人民日报》2018 年 12 月 30 日第 7 版，记者：盛若蔚　吴储岐）

建设高素质专业化公务员队伍的法律保障

人民日报评论员

12 月 29 日，第十三届全国人大常委会第七次会议表决通过了《中华人民共和国公务员法修订草案》。这是我国公务员制度发展史上的一件大事，对于认真贯彻习近平新时代中国特色社会主义思想，贯彻落实新时代党的组织路线，加强党对公务员工作的领导，推动中国特色公务员制度完善发展具有重要意义，为全面建设忠诚干净担当的高素质专业化公务员队伍提供了坚强的法律保障。

新修订的公务员法充分体现了党的十八大以来中央关于干部工作的新精神新要求。旗帜鲜明地把公务员制度坚持中国共产党的领导，坚持以习近平新时代中国特色社会主义思想为指导，贯彻落实新时代党的组织路线，坚持党管干部原则，落实好干部标准等一系列政治要求写入法中。明确公务员是干部队伍的重要组成部分，是社会主义事业的中坚力量，是人民的公仆，强化了公务员的政治属性。在公务员的条件、义务、任用、考核、培训等重要环节突出政治标准、强化政治素质。这些修改和完善，集中体现了公务员政治性、先进性、示范性的要求，必将有力促进公务员队伍的政治建设和思想建设。

新修订的公务员法充分体现了公务员制度改革新要求。贯彻落实党的十八届三中全会有关要求，改造非领导职务为职级，建立公务员职务与职级并行制度，体现持续激励，注重倾斜基层，这是公务员制度的重大改革和完善。落实分类改革要求，按照综合管理类、专业技术类和行政执法类公务员不同类别特点，进一步明确分类考录、分类考核、分类培训要求，规范聘任管理。这些修改和完善，有利于进一步激发广大公务员的积极性，加快推进公务员队伍的专业化建设。

新修订的公务员法充分体现了近年来干部人事制度改革新要求。问题是制度变革的动力，也是改革发力的方向。新修订的公务员法坚持问题导向，着力解决不作为、不担当、形式主义、官僚主义等突出问题，明确规定公务员的职务、职级实行能上能下，对不适宜或者不胜任现任职务、职级的，应当进行调整；新增专项考核，规定公务员考核指标应当根据不同职位类别、不同层级机关设置；加强与有关法律法规的有机衔接，增加监督管理公务员方面的内容，增加禁止性纪律规定，进一步扎牢从严管理公务员的制度笼子。同时，加大激励保障政策供给，完善表彰奖励、申诉控告等制度。这些修改和完善，全面贯彻了坚持严管和厚爱相结合的要求，对于加强公务员队伍的作风建设必将起到积极的作用。

天下之事，不难于立法，而难于法之必行。贯彻落实新修订的公务员法，是一项严肃的政治任务。各级党委（党组）要站在战略和全局高度，切实加强组织领导。各级组织人事部门要在党委（党组）领导下，认真履行职责，有序有力有效地推动公务员法的落实。要加大宣传力度，深入宣传公务员法修订的重要意义和主要内容，在全社会营造学法知法的良好舆论氛围。要加强学习培训，把公务员法纳入各级党委（党组）理论中心组学习和领导干部任职培训的必修内容以及各级党校（行政学院）的教学计划，把学习公务员法与学习贯彻习近平新时代中国特色社会主义思想结合起来，促使领导干部熟悉和带头践行公务员法，组织人事干部精通和严格执行公务员法，广大公务员了解和自觉遵守公务员法。要加强分类指导和监督检查，对各地各部门在贯彻实施公务员法中发现的问题，区分情况及时研究，明确对策建议和政策措施，不断提高新时代公务员工作的规范化、法治化水平。

（《人民日报》2018年12月30日第7版）

着力完善和落实严管厚爱结合的公务员制度机制

仲祖文

新时代开启新征程，新使命要有新担当。新修订的公务员法认真贯彻落实习近平总书记提出的坚持严管和厚爱结合、激励和约束并重的重要要求，综合施策，多措并举，进一步健全完善公务员管理、监督、激励、保障等制度机制，让广大公务员事业上更有奔头、工作上更有动力、待遇上更有保障。

进一步畅通公务员职业发展通道，确定公务员职务与职级并行制度，是公务员法修订的一项重要内容。在总结试点工作经验基础上，改造非领导职务为职级，建立公务员领导职务和职级并行制度，对职级晋升条件和程序作出原则性规定，搭建领导职务和职级之间交流通道，规定职级与工资待遇挂钩，拓宽公务员尤其是基层公务员职业发展空间。这一制度的实施，有利于公务员分享改革红利，增强职业获得感和自豪感，进一步调动广大公务员干事创业的积极性、主动性、创造性。

天下大务，莫过赏罚。新修订的公务员法进一步完善了公务员考核和奖励机制。针对一些单位公务员考核中存在的指标笼统、方法单一，重年度考核、轻平时考核等问题，健全考核评价机制，增加专项考核方式，建立平时考核、专项考核、定期考核相结合的公务员考核体系，分类分级设置考核指标，强化考核结果运用。坚持定期奖励与及时奖励相结合，对勇于担当作为的公务员给予奖励，对参与特定时期、特定领域重大工作的公务员可颁发纪念证书或者纪念章。这些规定充分体现了引导干事创业、褒奖担当作为的鲜明导向，让考核奖励释放更强正能量，有利于激发广大公务员立足本职、奋发有为。

健全权益保障机制，把关心关爱公务员落到实处。新修订的公务员法将公务员保险与社会保险相衔接，针对公务员工作任务重、压力大、经常加班加点等情况，规定在法定工作日之外加班的给予补休或者补助。明确公务员依法享有批评、申诉、控告或者检举的权利，保障了公务员的正当权利。对捏造事实，诬告、陷害他人的，依法追究法律责任，切实做到为那些敢于担当、踏实干事、不谋私利的公务员撑腰鼓劲。

严管就是厚爱，监督就是保护。新修订的公务员法全面贯彻党中央从严管理干部要求，进一步扎牢从严管理公务员的制度笼子。做好与监察法、《中国共产党纪律处分条例》等法律法规的衔接，进一步严明纪律约束，健全严管链条、加强重点监督，教育引导公务员严格遵守党的政治纪律和政治规矩，切实加强对公务员的思想政治、履行职责、作风表现、遵纪守法等情况的日常监督，对任职回避和地域回避、责令辞职、离职后从业限制等规定进行修改完善，增加加强组织监督和公务员个人主动接受监督的规定。将不担当、不作为列入监督惩戒内容，让不负责、不担当、不作为者有畏惧、生警醒、受惩戒。通过进一步严明纪律、严密监督，筑起公务员正确履职尽责的“防火墙”。

（《人民日报》2019 年 1 月 3 日第 11 版）

《中华人民共和国公务员法》

修订前后对照表

（左栏黑体部分为删除的内容，右栏黑体部分为增加或修改的内容）

修订前	修订后
目录 第一章　总则 第二章　公务员的条件、义务与权利 第三章　职务与级别 第四章　录用 第五章　考核 第六章　职务任免 第七章　职务升降 第八章　奖励 第九章　惩戒 第十章　培训 第十一章　交流与回避	目录 第一章　总则 第二章　公务员的条件、义务与权利 第三章　职务、**职级**与级别 第四章　录用 第五章　考核 第六章　职务、**职级**任免 第七章　职务、**职级**升降 第八章　奖励 第九章　**监督与**惩戒 第十章　培训 第十一章　交流与回避

续表

修订前	修订后
第十二章　工资福利保险 第十三章　辞职辞退 第十四章　退休 第十五章　申诉控告 第十六章　职位聘任 第十七章　法律责任 第十八章　附则	第十二章　工资、**福利与**保险 第十三章　辞职**与**辞退 第十四章　退休 第十五章　申诉**与**控告 第十六章　职位聘任 第十七章　法律责任 第十八章　附则
第一章　总则	**第一章　总则**
第一条　为了规范公务员的管理，保障公务员的合法权益，加强对公务员的监督，建设高素质的公务员队伍，**促进勤政廉政，提高工作效能**，根据宪法，制定本法。	**第一条**　为了规范公务员的管理，保障公务员的合法权益，加强对公务员的监督，**促进公务员正确履职尽责**，建设**信念坚定、为民服务、勤政务实、敢于担当、清正廉洁**的高素质**专业化**公务员队伍，根据宪法，制定本法。
第二条　本法所称公务员，是指依法履行公职、纳入国家行政编制、由国家财政负担工资福利的工作人员。	**第二条**　本法所称公务员，是指依法履行公职、纳入国家行政编制、由国家财政负担工资福利的工作人员。 **公务员是干部队伍的重要组成部分，是社会主义事业的中坚力量，是人民的公仆。**

续表

修订前	修订后
第三条 公务员的义务、权利和管理，适用本法。 法律对公务员中**的**领导成员的产生、任免、监督以及法官、检察官等的义务、权利和管理另有规定的，从其规定。	**第三条** 公务员的义务、权利和管理，适用本法。 法律对公务员中领导成员的产生、任免、监督以及**监察官**、法官、检察官等的义务、权利和管理另有规定的，从其规定。
第四条 公务员制度坚持以马克思列宁主义、毛泽东思想、邓小平理论**和**“三个代表”重要思想为指导，贯彻社会主义初级阶段的基本路线，贯彻中国共产党的**干部路线和方针**，坚持党管干部原则。	**第四条** 公务员制度**坚持中国共产党领导，**坚持以马克思列宁主义、毛泽东思想、邓小平理论、“三个代表”重要思想、**科学发展观、习近平新时代中国特色社会主义思想**为指导，贯彻社会主义初级阶段的基本路线，贯彻**新时代**中国共产党的**组织路线**，坚持党管干部原则。
第五条 公务员的管理，坚持公开、平等、竞争、择优的原则，依照法定的权限、条件、标准和程序进行。	**第五条** 公务员的管理，坚持公开、平等、竞争、择优的原则，依照法定的权限、条件、标准和程序进行。
第六条 公务员的管理，坚持监督约束与激励保障并重的原则。	**第六条** 公务员的管理，坚持监督约束与激励保障并重的原则。

续表

修订前	修订后
第七条 公务员的任用，坚持**任人唯贤、**德才兼备**的原则**，注重工作实绩。	**第七条** 公务员的任用，坚持德才兼备、**以德为先，坚持五湖四海、任人唯贤，坚持事业为上、公道正派，突出政治标准，**注重工作实绩。
第八条 国家对公务员实行分类管理，提高管理效能和科学化水平。	**第八条** 国家对公务员实行分类管理，提高管理效能和科学化水平。
	第九条 公务员就职时应当依照法律规定公开进行宪法宣誓。
第九条 公务员依法履行职**务**的行为，受法律保护。	**第十条** 公务员依法履行职**责**的行为，受法律保护。
	第十一条 公务员工资、福利、保险以及录用、奖励、培训、辞退等所需经费，列入财政预算，予以保障。 （原第十二章“工资福利保险”中第七十九条移至此）

修订前	修订后
第十条 中央公务员主管部门负责全国公务员的综合管理工作。县级以上地方各级公务员主管部门负责本辖区内公务员的综合管理工作。上级公务员主管部门指导下级公务员主管部门的公务员管理工作。各级公务员主管部门指导同级各机关的公务员管理工作。	**第十二条** 中央公务员主管部门负责全国公务员的综合管理工作。县级以上地方各级公务员主管部门负责本辖区内公务员的综合管理工作。上级公务员主管部门指导下级公务员主管部门的公务员管理工作。各级公务员主管部门指导同级各机关的公务员管理工作。
第二章 公务员的条件、义务与权利	**第二章 公务员的条件、义务与权利**
第十一条 公务员应当具备下列条件： （一）具有中华人民共和国国籍； （二）年满十八周岁； （三）拥护中华人民共和国宪法； （四）具有良好的品行； （五）具有正常履行职责的身体条件； （六）具有符合职位要求的文化程度和工作能力； （七）法律规定的其他条件。	**第十三条** 公务员应当具备下列条件： （一）具有中华人民共和国国籍； （二）年满十八周岁； （三）拥护中华人民共和国宪法，**拥护中国共产党领导和社会主义制度**； （四）具有良好的**政治素质和道德**品行； （五）具有正常履行职责的身体条件**和心理素质**； （六）具有符合职位要求的文化程度和工作能力； （七）法律规定的其他条件。

续表

修订前	修订后
第十二条　公务员应当履行下列义务： （一）模范遵守宪法和法律； （二）按照规定的权限和程序**认真**履行职责，努力提高工作效率； （三）全心全意为人民服务，接受人民监督； （四）维护国家的安全、荣誉和利益； （五）忠于职守，勤勉尽责，服从和执行上级依法作出的决定和命令； （六）保守国家秘密和工作秘密； （七）遵守纪律，恪守职业道德，模范遵守社会公德； （八）清正廉洁，公道正派； **（九）**法律规定的其他义务。	**第十四条**　公务员应当履行下列义务： （一）**忠于宪法**，模范遵守、**自觉维护**宪法和法律，**自觉接受中国共产党领导**； **（二）忠于国家**，维护国家的安全、荣誉和利益； （三）**忠于人民**，全心全意为人民服务，接受人民监督； **（四）**忠于职守，勤勉尽责，服从和执行上级依法作出的决定和命令，按照规定的权限和程序履行职责，努力提高工作**质量和**效率； **（五）**保守国家秘密和工作秘密； **（六）带头践行社会主义核心价值观，坚守法治**，遵守纪律，恪守职业道德，模范遵守社会公德、**家庭美德**； **（七）**清正廉洁，公道正派； **（八）**法律规定的其他义务。

续表

修订前	修订后
第十三条 公务员享有下列权利： （一）获得履行职责应当具有的工作条件； （二）非因法定事由、非经法定程序，不被免职、降职、辞退或者处分； （三）获得工资报酬，享受福利、保险待遇； （四）参加培训； （五）对机关工作和领导人员提出批评和建议； （六）提出申诉和控告； （七）申请辞职； （八）法律规定的其他权利。	**第十五条** 公务员享有下列权利： （一）获得履行职责应当具有的工作条件； （二）非因法定事由、非经法定程序，不被免职、降职、辞退或者处分； （三）获得工资报酬，享受福利、保险待遇； （四）参加培训； （五）对机关工作和领导人员提出批评和建议； （六）提出申诉和控告； （七）申请辞职； （八）法律规定的其他权利。
第三章 职务与级别	**第三章 职务、职级与级别**
第十四条 国家实行公务员职位分类制度。 公务员职位类别按照公务员职位的性质、特点和管理需要，划分为综合管理类、专业技术类和行政执法类等类别。**国务院**根据本法，对于具有职位特殊性，需要单独管理的，可以增设其他职位类别。各职位类别的适用范围由国家另行规定。	**第十六条** 国家实行公务员职位分类制度。 公务员职位类别按照公务员职位的性质、特点和管理需要，划分为综合管理类、专业技术类和行政执法类等类别。根据本法，对于具有职位特殊性，需要单独管理的，可以增设其他职位类别。各职位类别的适用范围由国家另行规定。

续表

修订前	修订后
第十五条 国家根据公务员职位类别设置公务员职务序列。	**第十七条** 国家**实行公务员职务与职级并行制度，**根据公务员职位类别**和职责**设置公务员**领导**职务、**职级**序列。
第十六条 公务员职务**分为领导职务和非领导职务。** 领导职务层次分为：国家级正职、国家级副职、省部级正职、省部级副职、厅局级正职、厅局级副职、县处级正职、县处级副职、乡科级正职、乡科级副职。 **非领导职务层次在厅局级以下设置。**	**第十八条** 公务员**领导**职务**根据宪法、有关法律和机构规格设置。** 领导职务层次分为：国家级正职、国家级副职、省部级正职、省部级副职、厅局级正职、厅局级副职、县处级正职、县处级副职、乡科级正职、乡科级副职。
第十七条 **综合管理类的领导职务根据宪法、有关法律、职务层次和机构规格设置确定。** **综合管理类的非领导职务分为：巡视员、副巡视员、调研员、副调研员、主任科员、副主任科员、科员、办事员。** 综合管理类以外其他职位类别公务员的**职务**序列，根据本法由国家另行规定。	**第十九条** **公务员职级在厅局级以下设置。** **综合管理类公务员职级序列分为：一级巡视员、二级巡视员、一级调研员、二级调研员、三级调研员、四级调研员、一级主任科员、二级主任科员、三级主任科员、四级主任科员、一级科员、二级科员。** 综合管理类以外其他职位类别公务员的**职级**序列，根据本法由国家另行规定。

修订前	修订后
第十八条 各机关依照确定的职能、规格、编制限额、职数以及结构比例，设置本机关公务员的具体职位，并确定各职位的工作职责和任职资格条件。	**第二十条** 各机关依照确定的职能、规格、编制限额、职数以及结构比例，设置本机关公务员的具体职位，并确定各职位的工作职责和任职资格条件。
第十九条 公务员的职务应当对应相应的级别。公务员职务与级别的对应关系，由**国务院**规定。 公务员的职务与级别是确定公务员工资及其他待遇的依据。 公务员的级别根据所任职务及其德才表现、工作实绩和资历确定。公务员在同一职务上，可以按照国家规定晋升级别。	**第二十一条** 公务员的**领导**职务、**职级**应当对应相应的级别。公务员**领导**职务、**职级**与级别的对应关系，由**国家**规定。 **根据工作需要和领导职务与职级的对应关系，公务员担任的领导职务和职级可以互相转任、兼任；符合规定资格条件的，可以晋升领导职务或者职级。** 公务员的级别根据所任**领导**职务、**职级**及其德才表现、工作实绩和资历确定。公务员在同一**领导**职务、**职级**上，可以按照国家规定晋升级别。 公务员的**领导**职务、**职级**与级别是确定公务员工资以及其他待遇的依据。（原第三款移至此）

续表

修订前	修订后
第二十条 国家根据人民警察以及海关、驻外外交机构公务员的工作特点，设置与其职务相对应的衔级。	**第二十二条** 国家根据人民警察、**消防救援人员**以及海关、驻外外交机构**等**公务员的工作特点，设置与其**领导职务、职级**相对应的衔级。
第四章 录用	**第四章 录用**
第二十一条 录用担任主任科员以下及其他相当**职务**层次的**非领导职务**公务员，采取公开考试、严格考察、平等竞争、择优录取的办法。 民族自治地方依照前款规定录用公务员时，依照法律和有关规定对少数民族报考者予以适当照顾。	**第二十三条** 录用担任**一级**主任科员以下及其他相当**职级**层次的公务员，采取公开考试、严格考察、平等竞争、择优录取的办法。 民族自治地方依照前款规定录用公务员时，依照法律和有关规定对少数民族报考者予以适当照顾。
第二十二条 中央机关及其直属机构公务员的录用，由中央公务员主管部门负责组织。地方各级机关公务员的录用，由省级公务员主管部门负责组织，必要时省级公务员主管部门可以授权设区的市级公务员主管部门组织。	**第二十四条** 中央机关及其直属机构公务员的录用，由中央公务员主管部门负责组织。地方各级机关公务员的录用，由省级公务员主管部门负责组织，必要时省级公务员主管部门可以授权设区的市级公务员主管部门组织。

修订前	修订后
第二十三条 报考公务员，除应当具备本法第十一条规定的条件外，还应当具备省级以上公务员主管部门规定的拟任职位所要求的资格条件。 国家对行政机关中初次从事行政处罚决定审核、行政复议、行政裁决、法律顾问的公务员实行统一法律职业资格考试制度，由国务院司法行政部门商有关部门组织实施。	**第二十五条** 报考公务员，除应当具备本法第十三条规定的条件**以**外，还应当具备省级以上公务员主管部门规定的拟任职位所要求的资格条件。 国家对行政机关中初次从事行政处罚决定审核、行政复议、行政裁决、法律顾问的公务员实行统一法律职业资格考试制度，由国务院司法行政部门商有关部门组织实施。
第二十四条 下列人员不得录用为公务员： （一）**曾**因犯罪受过刑事处罚的； （二）**曾**被开除公职的； （三）有法律规定不得录用为公务员的其他情形的。	**第二十六条** 下列人员不得录用为公务员： （一）因犯罪受过刑事处罚的； **（二）被开除中国共产党党籍的；** **（三）**被开除公职的； **（四）被依法列为失信联合惩戒对象的；** **（五）**有法律规定不得录用为公务员的其他情形的。
第二十五条 录用公务员，**必须**在规定的编制限额内，并有相应的职位空缺。	**第二十七条** 录用公务员，**应当**在规定的编制限额内，并有相应的职位空缺。

修订前	修订后
第二十六条 录用公务员，应当发布招考公告。招考公告应当载明招考的职位、名额、报考资格条件、报考需要提交的申请材料以及其他报考须知事项。 招录机关应当采取措施，便利公民报考。	**第二十八条** 录用公务员，应当发布招考公告。招考公告应当载明招考的职位、名额、报考资格条件、报考需要提交的申请材料以及其他报考须知事项。 招录机关应当采取措施，便利公民报考。
第二十七条 招录机关根据报考资格条件对报考申请进行审查。报考者提交的申请材料应当真实、准确。	**第二十九条** 招录机关根据报考资格条件对报考申请进行审查。报考者提交的申请材料应当真实、准确。
第二十八条 公务员录用考试采取笔试和面试**的**方式进行，考试内容根据公务员应当具备的基本能力和不同职位类别分别设置。	**第三十条** 公务员录用考试采取笔试和面试**等**方式进行，考试内容根据公务员应当具备的基本能力和不同职位类别、**不同层级机关**分别设置。
第二十九条 招录机关根据考试成绩确定考察人选，并**对其**进行报考资格复审、考察和体检。 体检的项目和标准根据职位要求确定。具体办法由中央公务员主管部门会同国务院卫生行政部门规定。	**第三十一条** 招录机关根据考试成绩确定考察人选，并进行报考资格复审、考察和体检。 体检的项目和标准根据职位要求确定。具体办法由中央公务员主管部门会同国务院卫生**健康**行政部门规定。

续表

修订前	修订后
第三十条 招录机关根据考试成绩、考察情况和体检结果，提出拟录用人员名单，并予以公示。 公示期满，中央一级招录机关将拟录用人员名单报中央公务员主管部门备案；地方各级招录机关将拟录用人员名单报省级或者设区的市级公务员主管部门审批。	**第三十二条** 招录机关根据考试成绩、考察情况和体检结果，提出拟录用人员名单，并予以公示。**公示期不少于五个工作日。** 公示期满，中央一级招录机关**应当**将拟录用人员名单报中央公务员主管部门备案；地方各级招录机关**应当**将拟录用人员名单报省级或者设区的市级公务员主管部门审批。
第三十一条 录用特殊职位的公务员，经省级以上公务员主管部门批准，可以简化程序或者采用其他测评办法。	**第三十三条** 录用特殊职位的公务员，经省级以上公务员主管部门批准，可以简化程序或者采用其他测评办法。
第三十二条 新录用的公务员试用期为一年。试用期满合格的，予以任职；不合格的，取消录用。	**第三十四条** 新录用的公务员试用期为一年。试用期满合格的，予以任职；不合格的，取消录用。
第五章 考核	**第五章 考核**
第三十三条 **对**公务员的考核，按照管理权限，全面考核公务员的德、能、勤、绩、廉，重点考核工作实绩。	**第三十五条** 公务员的考核**应当**按照管理权限，全面考核公务员的德、能、勤、绩、廉，重点考核**政治素质和**工作实绩。**考核指标根据不同职位类别、不同层级机关分别设置。**

续表

修订前	修订后
第三十四条 公务员的考核分为平时考核和定期考核。定期考核以平时考核为基础。	**第三十六条** 公务员的考核分为平时考核、**专项考核**和定期考核**等方式**。定期考核以平时考核、**专项考核**为基础。
第三十五条 **对**非领导成员公务员的定期考核采取年度考核的方式，先由个人按照职位职责和有关要求进行总结，主管领导在听取群众意见后，提出考核等次建议，由本机关负责人或者授权的考核委员会确定考核等次。 **对**领导成员的**定期**考核，由主管机关按照有关规定办理。	**第三十七条** 非领导成员公务员的定期考核采取年度考核的方式。先由个人按照职位职责和有关要求进行总结，主管领导在听取群众意见后，提出考核等次建议，由本机关负责人或者授权的考核委员会确定考核等次。 领导成员的考核由主管机关按照有关规定办理。
第三十六条 定期考核的结果分为优秀、称职、基本称职和不称职四个等次。 定期考核的结果应当以书面形式通知公务员本人。	**第三十八条** 定期考核的结果分为优秀、称职、基本称职和不称职四个等次。 定期考核的结果应当以书面形式通知公务员本人。
第三十七条 定期考核的结果作为调整公务员职务、级别、工资以及公务员奖励、培训、辞退的依据。	**第三十九条** 定期考核的结果作为调整公务员**职位**、职务、**职级**、级别、工资以及公务员奖励、培训、辞退的依据。

修订前	修订后
第六章　职务任免	**第六章　职务、职级任免**
第三十八条　公务员职务实行选任制和委任制。 领导成员职务按照国家规定实行任期制。	**第四十条**　公务员**领导**职务实行选任制、委任制**和聘任制。公务员职级实行委任制和聘任制。** 领导成员职务按照国家规定实行任期制。
第三十九条　选任制公务员在选举结果生效时即任当选职务；任期届满不再连任，或者任期内辞职、被罢免、被撤职的，其所任职务即终止。	**第四十一条**　选任制公务员在选举结果生效时即任当选职务；任期届满不再连任或者任期内辞职、被罢免、被撤职的，其所任职务即终止。
第四十条　委任制公务员**遇有**试用期满考核合格、职务发生变化、**不再担任公务员职务**以及其他情形需要任免职务的，应当按照管理权限和规定的程序任免**其职务**。	**第四十二条**　委任制公务员试用期满考核合格，职务、**职级**发生变化，以及其他情形需要任免职务、**职级**的，应当按照管理权限和规定的程序任免。
第四十一条　公务员任职**必须**在规定的编制限额和职数内进行，并有相应的职位空缺。	**第四十三条**　公务员任职**应当**在规定的编制限额和职数内进行，并有相应的职位空缺。
第四十二条　公务员因工作需要在机关外兼职，应当经有关机关批准，并不得领取兼职报酬。	**第四十四条**　公务员因工作需要在机关外兼职，应当经有关机关批准，并不得领取兼职报酬。

续表

修订前	修订后
第七章　职务升降	**第七章　职务、职级升降**
第四十三条　公务员晋升职务，应当具备拟任职务所要求的**思想**政治素质、工作能力、文化程度和任职经历等方面的条件和资格。 公务员**晋升**职务，应当逐级晋升。特别优秀的或者工作特殊需要的，可以按照规定破格或者越一级晋升**职务**。	**第四十五条**　公务员晋升**领导**职务，应当具备拟任职务所要求的政治素质、工作能力、文化程度和任职经历等方面的条件和资格。 公务员**领导**职务应当逐级晋升。特别优秀的或者工作特殊需要的，可以按照规定破格或者越级晋升。
第四十四条　公务员晋升领导职务，按照下列程序办理： （一）民主推荐，确定考察对象； （二）组织考察，**研究提出任职建议方案，并根据需要在一定范围内进行酝酿**； （三）按照管理权限讨论决定； （四）**按照规定**履行任职手续。 **公务员晋升非领导职务，参照前款规定的程序办理。**	**第四十六条**　公务员晋升领导职务，按照下列程序办理： **（一）动议**； **（二）**民主推荐； **（三）**确定考察对象，组织考察； **（四）**按照管理权限讨论决定； **（五）**履行任职手续。

修订前	修订后
第四十五条 **机关内设机构厅局级正职以下领导职务出现空缺时，可以在本机关或者本系统内通过竞争上岗的方式，产生任职人选。** 厅局级正职以下领导职务**或者副调研员以上及其他相当职务层次的非领导职务**出现空缺，可以面向社会**公开**选拔，**产生**任职人选。 **确定初任法官、初任检察官的任职人选，可以面向社会，从通过国家统一法律职业资格考试取得法律职业资格的人员中公开选拔。**	**第四十七条** 厅局级正职以下领导职务出现空缺**且本机关没有合适人选的**，可以**通过适当方式**面向社会选拔任职人选。
第四十六条 公务员晋升领导职务的，应当按照有关规定实行任职前公示制度和任职试用期制度。	**第四十八条** 公务员晋升领导职务的，应当按照有关规定实行任职前公示制度和任职试用期制度。
	第四十九条 **公务员职级应当逐级晋升，根据个人德才表现、工作实绩和任职资历，参考民主推荐或者民主测评结果确定人选，经公示后，按照管理权限审批。**

续表

修订前	修订后
第四十七条 公务员在**定期**考核中被确定为不称职的，按照规定程序降低一个职务层次任职。	**第五十条 公务员的职务、职级实行能上能下。对不适宜或者不胜任现任职务、职级的，应当进行调整。** 公务员在**年度**考核中被确定为不称职的，按照规定程序降低一个职务**或者职级**层次任职。
第八章 奖励	**第八章 奖励**
第四十八条 对工作表现突出，有显著成绩和贡献，或者有其他突出事迹的公务员或者公务员集体，给予奖励。奖励坚持精神奖励与物质奖励相结合、以精神奖励为主的原则。 公务员集体的奖励适用于按照编制序列设置的机构或者为完成专项任务组成的工作集体。	**第五十一条** 对工作表现突出，有显著成绩和贡献，或者有其他突出事迹的公务员或者公务员集体，给予奖励。奖励坚持**定期奖励与及时奖励相结合，**精神奖励与物质奖励相结合、以精神奖励为主的原则。 公务员集体的奖励适用于按照编制序列设置的机构或者为完成专项任务组成的工作集体。

修订前	修订后
第四十九条 公务员或者公务员集体有下列情形之一的，给予奖励： （一）忠于职守，积极工作，**成绩**显著的； （二）遵**守**纪**律**，廉洁奉公，作风正派，办事公道，模范作用突出的； （三）在工作中有发明创造或者提出合理化建议，取得显著经济效益或者社会效益的； （四）为增进民族团结、维护社会稳定做出突出贡献的； （五）爱护公共财产，节约国家资财有突出成绩的； （六）防止或者消除事故有功，使国家和人民群众利益免受或者减少损失的； （七）在抢险、救灾等特定环境中**奋不顾身，**做出贡献的； （八）同**违法**违纪行为作斗争有功绩的； （九）在对外交往中为国家争得荣誉和利益的； （十）有其他突出功绩的。	**第五十二条** 公务员或者公务员集体有下列情形之一的，给予奖励： （一）忠于职守，积极工作，**勇于担当，工作实绩**显著的； （二）遵纪**守法**，廉洁奉公，作风正派，办事公道，模范作用突出的； （三）在工作中有发明创造或者提出合理化建议，取得显著经济效益或者社会效益的； （四）为增进民族团结，维护社会稳定做出突出贡献的； （五）爱护公共财产，节约国家资财有突出成绩的； （六）防止或者消除事故有功，使国家和人民群众利益免受或者减少损失的； （七）在抢险、救灾等特定环境中做出**突出**贡献的； （八）同违纪**违法**行为作斗争有功绩的； （九）在对外交往中为国家争得荣誉和利益的； （十）有其他突出功绩的。

续表

修订前	修订后
第五十条 奖励分为：嘉奖、记三等功、记二等功、记一等功、授予**荣誉**称号。 对受奖励的公务员或者公务员集体予以表彰，并给予一次性奖金或者其他待遇。	**第五十三条** 奖励分为：嘉奖、记三等功、记二等功、记一等功、授予称号。 对受奖励的公务员或者公务员集体予以表彰，并**对受奖励的个人**给予一次性奖金或者其他待遇。
第五十一条 给予公务员或者公务员集体奖励，按照规定的权限和程序决定或者审批。	**第五十四条** 给予公务员或者公务员集体奖励，按照规定的权限和程序决定或者审批。
	第五十五条 **按照国家规定，可以向参与特定时期、特定领域重大工作的公务员颁发纪念证书或者纪念章。**
第五十二条 公务员或者公务员集体有下列情形之一的，撤销奖励： （一）弄虚作假，骗取奖励的； （二）申报奖励时隐瞒严重错误或者严重违反规定程序的； （三）有法律、法规规定应当撤销奖励的其他情形的。	**第五十六条** 公务员或者公务员集体有下列情形之一的，撤销奖励： （一）弄虚作假，骗取奖励的； （二）申报奖励时隐瞒严重错误或者严重违反规定程序的； （三）**有严重违纪违法等行为，影响称号声誉的；** **（四）**有法律、法规规定应当撤销奖励的其他情形的。

续表

修订前	修订后
第九章　惩戒	第九章　监督与惩戒
	第五十七条　机关应当对公务员的思想政治、履行职责、作风表现、遵纪守法等情况进行监督，开展勤政廉政教育，建立日常管理监督制度。 对公务员监督发现问题的，应当区分不同情况，予以谈话提醒、批评教育、责令检查、诫勉、组织调整、处分。 对公务员涉嫌职务违法和职务犯罪的，应当依法移送监察机关处理。
	第五十八条　公务员应当自觉接受监督，按照规定请示报告工作、报告个人有关事项。
第五十三条　公务员必须遵守纪律，不得有下列行为： （一）散布有损国家声誉的言论，组织或者参加旨在反对国家的集会、游行、示威等活动； （二）组织或者参加非法组织，组织或者参加罢工； （三）玩忽职守，贻误工作；	第五十九条　公务员应当遵纪守法，不得有下列行为： （一）散布有损宪法权威、中国共产党和国家声誉的言论，组织或者参加旨在反对宪法、中国共产党领导和国家的集会、游行、示威等活动； （二）组织或者参加非法组织，组织或者参加罢工； （三）挑拨、破坏民族关系，参加民族分裂活动或者组织、利用宗教活动破坏民族团结和社会稳定；

续表

修订前	修订后
（四）拒绝执行上级依法作出的决定和命令； （五）**压制**批评，打击报复； （六）弄虚作假，误导、欺骗领导和公众； （七）贪污、**行贿、受贿**，利用职务之便为自己或者他人谋取私利； （八）违反财经纪律，浪费国家资财； （九）滥用职权，侵害公民、法人或者其他组织的合法权益； （十）泄露国家秘密或者工作秘密； （十一）在对外交往中损害国家荣誉和利益； （十二）参与或者支持色情、吸毒、赌博、迷信等活动； （十三）违反职业道德、社会公德； （十四）从事或者参与营利性活动，在企业或者其他营利性组织中兼任职务；	**（四）不担当，不作为，玩忽职守，贻误工作；** **（五）**拒绝执行上级依法作出的决定和命令； **（六）对**批评、**申诉、控告、检举进行压制或者**打击报复； **（七）**弄虚作假，误导、欺骗领导和公众； **（八）**贪污**贿赂**，利用职务之便为自己或者他人谋取私利； **（九）**违反财经纪律，浪费国家资财； **（十）**滥用职权，侵害公民、法人或者其他组织的合法权益； **（十一）**泄露国家秘密或者工作秘密； **（十二）**在对外交往中损害国家荣誉和利益； **（十三）**参与或者支持色情、吸毒、赌博、迷信等活动； **（十四）**违反职业道德、社会公德**和家庭美德**；

修订前	修订后
（十五）旷工或者因公外出、请假期满无正当理由逾期不归； （十六）**违反纪律**的其他行为。	**（十五）违反有关规定参与禁止的网络传播行为或者网络活动；** **（十六）违反有关规定**从事或者参与营利性活动，在企业或者其他营利性组织中兼任职务； **（十七）**旷工或者因公外出、请假期满无正当理由逾期不归； **（十八）违纪违法**的其他行为。
第五十四条　公务员执行公务时，认为上级的决定或者命令有错误的，可以向上级提出改正或者撤销该决定或者命令的意见；上级不改变该决定或者命令，或者要求立即执行的，公务员应当执行该决定或者命令，执行的后果由上级负责，公务员不承担责任；但是，公务员执行明显违法的决定或者命令的，应当依法承担相应的责任。	**第六十条**　公务员执行公务时，认为上级的决定或者命令有错误的，可以向上级提出改正或者撤销该决定或者命令的意见；上级不改变该决定或者命令，或者要求立即执行的，公务员应当执行该决定或者命令，执行的后果由上级负责，公务员不承担责任；但是，公务员执行明显违法的决定或者命令的，应当依法承担相应的责任。

修订前	修订后
第五十五条 公务员因**违法**违纪应当承担纪律责任的，依照本法给予处分；违纪行为情节轻微，经批评教育后改正的，可以免予处分。	**第六十一条** 公务员因违纪**违法**应当承担纪律责任的，依照本法给予处分**或者由监察机关依法给予政务处分**；违纪**违法**行为情节轻微，经批评教育后改正的，可以免予处分。 **对同一违纪违法行为，监察机关已经作出政务处分决定的，公务员所在机关不再给予处分。**
第五十六条 处分分为：警告、记过、记大过、降级、撤职、开除。	**第六十二条** 处分分为：警告、记过、记大过、降级、撤职、开除。
第五十七条 对公务员的处分，应当事实清楚、证据确凿、定性准确、处理恰当、程序合法、手续完备。 公务员违纪的，应当由处分决定机关决定对公务员违纪的情况进行调查，并将调查认定的事实及拟给予处分的依据告知公务员本人。公务员有权进行陈述和申辩。 处分决定机关认为对公务员应当给予处分的，应当在规定的期限内，按照管理权限和规定的程序作出处分决定。处分决定应当以书面形式通知公务员本人。	**第六十三条** 对公务员的处分，应当事实清楚、证据确凿、定性准确、处理恰当、程序合法、手续完备。 公务员违纪**违法**的，应当由处分决定机关决定对公务员违纪**违法**的情况进行调查，并将调查认定的事实**以**及拟给予处分的依据告知公务员本人。公务员有权进行陈述和申辩；**处分决定机关不得因公务员申辩而加重处分**。 处分决定机关认为对公务员应当给予处分的，应当在规定的期限内，按照管理权限和规定的程序作出处分决定。处分决定应当以书面形式通知公务员本人。

修订前	修订后
第五十八条 公务员在受处分期间不得晋升职务和级别，其中受记过、记大过、降级、撤职处分的，不得晋升工资档次。 受处分的期间为：警告，六个月；记过，十二个月；记大过，十八个月；降级、撤职，二十四个月。 受撤职处分的，按照规定降低级别。	**第六十四条** 公务员在受处分期间不得晋升职务、**职级**和级别，其中受记过、记大过、降级、撤职处分的，不得晋升工资档次。 受处分的期间为：警告，六个月；记过，十二个月；记大过，十八个月；降级、撤职，二十四个月。 受撤职处分的，按照规定降低级别。
第五十九条 公务员受开除以外的处分，在受处分期间有悔改表现，并且没有再发生违纪行为的，处分期满后，**由处分决定机关解除处分并以书面形式通知本人**。 解除处分后，晋升工资档次、级别和职务不再受原处分的影响。但是，解除降级、撤职处分的，不视为恢复原级别、原职务。	**第六十五条** 公务员受开除以外的处分，在受处分期间有悔改表现，并且没有再发生违纪**违法**行为的，处分期满后**自动解除**。 解除处分后，晋升工资档次、级别和职务、**职级**不再受原处分的影响。但是，解除降级、撤职处分的，不视为恢复原级别、原职务、**原职级**。

续表

修订前	修订后
第十章　培训	**第十章　培训**
第六十条　机关根据公务员工作职责的要求和提高公务员素质的需要，对公务员进行分级**分类**培训。 国家建立专门的公务员培训机构。机关根据需要也可以委托其他培训机构承担公务员培训任务。	**第六十六条**　机关根据公务员工作职责的要求和提高公务员素质的需要，对公务员进行**分类**分级培训。 国家建立专门的公务员培训机构。机关根据需要也可以委托其他培训机构承担公务员培训任务。
第六十一条　机关对新录用人员应当在试用期内进行初任培训；对晋升领导职务的公务员应当在任职前或者任职后一年内进行任职培训；对从事专项工作的公务员应当进行专门业务培训；对全体公务员应当进行更新知识、提高工作能力的在职培训，其中对**担任**专业技术**职务的**公务员**，**应当**按照专业技术人员继续教育的要求，**进行专业技术培训。 国家有计划地加强对**后备领导人员**的培训。	**第六十七条**　机关对新录用人员应当在试用期内进行初任培训；对晋升领导职务的公务员应当在任职前或者任职后一年内进行任职培训；对从事专项工作的公务员应当进行专门业务培训；对全体公务员应当进行提高**政治素质和**工作能力、更新知识的在职培训，其中对专业技术**类**公务员应当进行专业技术培训。 国家有计划地加强对**优秀年轻公务员**的培训。

续表

修订前	修订后
第六十二条 公务员的培训实行登记管理。 公务员参加培训的时间由公务员主管部门按照本法第六十一条规定的培训要求予以确定。 公务员培训情况、学习成绩作为公务员考核的内容和任职、晋升的依据之一。	**第六十八条** 公务员的培训实行登记管理。 公务员参加培训的时间由公务员主管部门按照本法第六十**七**条规定的培训要求予以确定。 公务员培训情况、学习成绩作为公务员考核的内容和任职、晋升的依据之一。
第十一章 交流与回避	**第十一章 交流与回避**
第六十三条 国家实行公务员交流制度。 公务员可以在公务员队伍内部交流，也可以与国有企业事业单位、**人民团体和群众团体**中从事公务的人员交流。 交流的方式包括调任、转任**和挂职锻炼**。	**第六十九条** 国家实行公务员交流制度。 公务员可以在公务员**和参照本法管理的工作人员**队伍内部交流，也可以与国有企业**和不参照本法管理的**事业单位中从事公务的人员交流。 交流的方式包括调任、转任。

续表

修订前	修订后
第六十四条 国有企业事业单位、**人民团体和群众团体**中从事公务的人员可以调入机关担任领导职务或者**副**调研员以上及其他相当**职务**层次的**非领导职务**。调任人选应当具备本法第十一条规定的条件和拟任职位所要求的资格条件，并不得有本法第二十**四**条规定的情形。调任机关应当根据上述规定，对调任人选进行严格考察，并按照管理权限审批，必要时可以对调任人选进行考试。	**第七十条** 国有企业、**高等院校和科研院所以及其他不参照本法管理的**事业单位中从事公务的人员，可以调入机关担任领导职务或者**四级**调研员以上及其他相当层次的**职级**。 调任人选应当具备本法第十**三**条规定的条件和拟任职位所要求的资格条件，并不得有本法第二十**六**条规定的情形。调任机关应当根据上述规定，对调任人选进行严格考察，并按照管理权限审批，必要时可以对调任人选进行考试。
第六十五条 公务员在不同职位之间转任应当具备拟任职位所要求的资格条件，在规定的编制限额和职数内进行。 对省部级正职以下的领导成员应当有计划、有重点地实行跨地区、跨部门转任。 对担任机关内设机构领导职务和工作性质特殊的**非领导职务的**公务员，应当有计划地在本机关内转任。	**第七十一条** 公务员在不同职位之间转任应当具备拟任职位所要求的资格条件，在规定的编制限额和职数内进行。 对省部级正职以下的领导成员应当有计划、有重点地实行跨地区、跨部门转任。 对担任机关内设机构领导职务和**其他**工作性质特殊的公务员，应当有计划地在本机关内转任。 **上级机关应当注重从基层机关公开遴选公务员。**

修订前	修订后
第六十六条 根据**培养锻炼公务员的**需要，可以选派公务员**到下级机关或者上级机关、其他地区机关以及国有企业事业单位挂职锻炼。** 公务员在挂职**锻炼**期间，不改变与原机关的人事关系。	**第七十二条** 根据工作需要，**机关**可以**采取挂职方式**选派公务员**承担重大工程、重大项目、重点任务或者其他专项工作。** 公务员在挂职期间，不改变与原机关的人事关系。
第六十七条 公务员应当服从机关的交流决定。 公务员本人申请交流的，按照管理权限审批。	**第七十三条** 公务员应当服从机关的交流决定。 公务员本人申请交流的，按照管理权限审批。
第六十八条 公务员之间有夫妻关系、直系血亲关系、三代以内旁系血亲关系以及近姻亲关系的，不得在同一机关**担任**双方直接隶属于同一领导人员的**职务**或者有直接上下级领导关系的**职务**，也不得在其中一方担任领导职务的机关从事组织、人事、纪检、监察、审计和财务工作。 因地域或者工作性质特殊，需要变通执行任职回避的，由省级以上公务员主管部门规定。	**第七十四条** 公务员之间有夫妻关系、直系血亲关系、三代以内旁系血亲关系以及近姻亲关系的，不得在同一机关双方直接隶属于同一领导人员的**职位**或者有直接上下级领导关系的**职位工作**，也不得在其中一方担任领导职务的机关从事组织、人事、纪检、监察、审计和财务工作。 **公务员不得在其配偶、子女及其配偶经营的企业、营利性组织的行业监管或者主管部门担任领导成员。** 因地域或者工作性质特殊，需要变通执行任职回避的，由省级以上公务员主管部门规定。

续表

修订前	修订后
第六十九条　公务员担任乡级机关、县级机关及其有关部门主要领导职务的，应当实行地域回避，**法律另有规定的除外**。	**第七十五条**　公务员担任乡级机关、县级机关、**设区的市级机关**及其有关部门主要领导职务的，应当**按照有关规定**实行地域回避。
第七十条　公务员执行公务时，有下列情形之一的，应当回避： （一）涉及本人利害关系的； （二）涉及与本人有本法第**六十八**条第一款所列亲属关系人员的利害关系的； （三）其他可能影响公正执行公务的。	**第七十六条**　公务员执行公务时，有下列情形之一的，应当回避： （一）涉及本人利害关系的； （二）涉及与本人有本法第**七十四**条第一款所列亲属关系人员的利害关系的； （三）其他可能影响公正执行公务的。
第七十一条　公务员有应当回避情形的，本人应当申请回避；利害关系人有权申请公务员回避。其他人员可以向机关提供公务员需要回避的情况。 机关根据公务员本人或者利害关系人的申请，经审查后作出是否回避的决定，也可以不经申请直接作出回避决定。	**第七十七条**　公务员有应当回避情形的，本人应当申请回避；利害关系人有权申请公务员回避。其他人员可以向机关提供公务员需要回避的情况。 机关根据公务员本人或者利害关系人的申请，经审查后作出是否回避的决定，也可以不经申请直接作出回避决定。

续表

修订前	修订后
第七十二条 法律对公务员回避另有规定的，从其规定。	**第七十八条** 法律对公务员回避另有规定的，从其规定。
第十二章 工资福利保险	**第十二章 工资、福利与保险**
第七十三条 公务员实行国家统一**的职务与级别相结合**的工资制度。 公务员工资制度贯彻按劳分配的原则，体现工作职责、工作能力、工作实绩、资历等因素，保持不同职务、级别之间的合理工资差距。 国家建立公务员工资的正常增长机制。	**第七十九条** 公务员实行国家统一**规定**的工资制度。 公务员工资制度贯彻按劳分配的原则，体现工作职责、工作能力、工作实绩、资历等因素，保持不同**领导**职务**、职级**、级别之间的合理工资差距。 国家建立公务员工资的正常增长机制。
第七十四条 公务员工资包括基本工资、津贴、补贴和奖金。 公务员按照国家规定享受地区附加津贴、艰苦边远地区津贴、岗位津贴等津贴。 公务员按照国家规定享受住房、医疗等补贴、补助。 公务员在定期考核中被确定为优秀、称职的，按照国家规定享受年终奖金。 公务员工资应当按时足额发放。	**第八十条** 公务员工资包括基本工资、津贴、补贴和奖金。 公务员按照国家规定享受地区附加津贴、艰苦边远地区津贴、岗位津贴等津贴。 公务员按照国家规定享受住房、医疗等补贴、补助。 公务员在定期考核中被确定为优秀、称职的，按照国家规定享受年终奖金。 公务员工资应当按时足额发放。

续表

修订前	修订后
第七十五条 公务员的工资水平应当与国民经济发展相协调、与社会进步相适应。 国家实行工资调查制度，定期进行公务员和企业相当人员工资水平的调查比较，并将工资调查比较结果作为调整公务员工资水平的依据。	**第八十一条** 公务员的工资水平应当与国民经济发展相协调、与社会进步相适应。 国家实行工资调查制度，定期进行公务员和企业相当人员工资水平的调查比较，并将工资调查比较结果作为调整公务员工资水平的依据。
第七十六条 公务员按照国家规定享受福利待遇。国家根据经济社会发展水平提高公务员的福利待遇。 公务员**实**行国家规定的工时制度，按照国家规定享受休假。公务员在法定工作日之外加班的，应当给予相应的补休。	**第八十二条** 公务员按照国家规定享受福利待遇。国家根据经济社会发展水平提高公务员的福利待遇。 公务员**执**行国家规定的工时制度，按照国家规定享受休假。公务员在法定工作日之外加班的，应当给予相应的补休，**不能补休的按照国家规定给予补助**。
第七十七条 国家建立公务员保险制度，保障公务员在退休、患病、工伤、生育、失业等情况下获得帮助和补偿。 **公务员因公致残的，享受国家规定的伤残待遇。**公务员因公牺牲、**因公死亡**或者病故的，其亲属享受国家规定的抚恤和优待。	**第八十三条 公务员依法参加社会保险，按照国家规定享受保险待遇。** 公务员因公牺牲或者病故的，其亲属享受国家规定的抚恤和优待。

续表

修订前	修订后
第七十八条　任何机关不得违反国家规定自行更改公务员工资、福利、保险政策，擅自提高或者降低公务员的工资、福利、保险待遇。任何机关不得扣减或者拖欠公务员的工资。	**第八十四条**　任何机关不得违反国家规定自行更改公务员工资、福利、保险政策，擅自提高或者降低公务员的工资、福利、保险待遇。任何机关不得扣减或者拖欠公务员的工资。
第七十九条　公务员工资、福利、保险、**退休金**以及录用、培训、奖励、辞退等所需经费，**应当**列入财政预算，予以保障。 （本条移至第一章“总则”中第十一条）	
第十三章　辞职辞退	**第十三章　辞职与辞退**
第八十条　公务员辞去公职，应当向任免机关提出书面申请。任免机关应当自接到申请之日起三十日内予以审批，其中对领导成员辞去公职的申请，应当自接到申请之日起九十日内予以审批。	**第八十五条**　公务员辞去公职，应当向任免机关提出书面申请。任免机关应当自接到申请之日起三十日内予以审批，其中对领导成员辞去公职的申请，应当自接到申请之日起九十日内予以审批。

修订前	修订后
第八十一条 公务员有下列情形之一的，不得辞去公职： （一）未满国家规定的最低服务年限的； （二）在涉及国家秘密等特殊职位任职或者离开上述职位不满国家规定的脱密期限的； （三）重要公务尚未处理完毕，且须由本人继续处理的； （四）正在接受审计、纪律审查，或者涉嫌犯罪，司法程序尚未终结的； （五）法律、行政法规规定的其他不得辞去公职的情形。	**第八十六条** 公务员有下列情形之一的，不得辞去公职： （一）未满国家规定的最低服务年限的； （二）在涉及国家秘密等特殊职位任职或者离开上述职位不满国家规定的脱密期限的； （三）重要公务尚未处理完毕，且须由本人继续处理的； （四）正在接受审计、纪律审查、**监察调查**，或者涉嫌犯罪，司法程序尚未终结的； （五）法律、行政法规规定的其他不得辞去公职的情形。

续表

修订前	修订后
第八十二条 担任领导职务的公务员，因工作变动依照法律规定需要辞去现任职务的，应当履行辞职手续。 担任领导职务的公务员，因个人或者其他原因，可以自愿提出辞去领导职务。 领导成员因工作严重失误、失职造成重大损失或者恶劣社会影响的，或者对重大事故负有领导责任的，应当引咎辞去领导职务。 领导成员**应当引咎辞职或者**因其他原因不再适合担任现任领导职务，本人不提出辞职的，应当责令其辞去领导职务。	**第八十七条** 担任领导职务的公务员，因工作变动依照法律规定需要辞去现任职务的，应当履行辞职手续。 担任领导职务的公务员，因个人或者其他原因，可以自愿提出辞去领导职务。 领导成员因工作严重失误、失职造成重大损失或者恶劣社会影响的，或者对重大事故负有领导责任的，应当引咎辞去领导职务。 领导成员因其他原因不再适合担任现任领导职务**的，或者应当引咎辞职**本人不提出辞职的，应当责令其辞去领导职务。

修订前	修订后
第八十三条 公务员有下列情形之一的，予以辞退： （一）在年度考核中，连续两年被确定为不称职的； （二）不胜任现职工作，又不接受其他安排的； （三）因所在机关调整、撤销、合并或者缩减编制员额需要调整工作，本人拒绝合理安排的； （四）不履行公务员义务，不遵守公务员纪律，经教育仍无转变，不适合继续在机关工作，又不宜给予开除处分的； （五）旷工或者因公外出、请假期满无正当理由逾期不归连续超过十五天，或者一年内累计超过三十天的。	**第八十八条** 公务员有下列情形之一的，予以辞退： （一）在年度考核中，连续两年被确定为不称职的； （二）不胜任现职工作，又不接受其他安排的； （三）因所在机关调整、撤销、合并或者缩减编制员额需要调整工作，本人拒绝合理安排的； （四）不履行公务员义务，不遵守**法律和**公务员纪律，经教育仍无转变，不适合继续在机关工作，又不宜给予开除处分的； （五）旷工或者因公外出、请假期满无正当理由逾期不归连续超过十五天，或者一年内累计超过三十天的。

修订前	修订后
第八十四条 对有下列情形之一的公务员，不得辞退： （一）因公致残，被确认丧失或者部分丧失工作能力的； （二）患病或者负伤，在规定的医疗期内的； （三）女性公务员在孕期、产假、哺乳期内的； （四）法律、行政法规规定的其他不得辞退的情形。	**第八十九条** 对有下列情形之一的公务员，不得辞退： （一）因公致残，被确认丧失或者部分丧失工作能力的； （二）患病或者负伤，在规定的医疗期内的； （三）女性公务员在孕期、产假、哺乳期内的； （四）法律、行政法规规定的其他不得辞退的情形。
第八十五条 辞退公务员，按照管理权限决定。辞退决定应当以书面形式通知被辞退的公务员。 被辞退的公务员，可以领取辞退费或者根据国家有关规定享受失业保险。	**第九十条** 辞退公务员，按照管理权限决定。辞退决定应当以书面形式通知被辞退的公务员，**并应当告知辞退依据和理由。** 被辞退的公务员，可以领取辞退费或者根据国家有关规定享受失业保险。
第八十六条 公务员辞职或者被辞退，离职前应当办理公务交接手续，必要时按照规定接受审计。	**第九十一条** 公务员辞职或者被辞退，离职前应当办理公务交接手续，必要时按照规定接受审计。

续表

修订前	修订后
第十四章　退休	**第十四章　退休**
第八十七条　公务员达到国家规定的退休年龄或者完全丧失工作能力的，应当退休。	**第九十二条**　公务员达到国家规定的退休年龄或者完全丧失工作能力的，应当退休。
第八十八条　公务员符合下列条件之一的，本人自愿提出申请，经任免机关批准，可以提前退休： （一）工作年限满三十年的； （二）距国家规定的退休年龄不足五年，且工作年限满二十年的； （三）符合国家规定的可以提前退休的其他情形的。	**第九十三条**　公务员符合下列条件之一的，本人自愿提出申请，经任免机关批准，可以提前退休： （一）工作年限满三十年的； （二）距国家规定的退休年龄不足五年，且工作年限满二十年的； （三）符合国家规定的可以提前退休的其他情形的。
第八十九条　公务员退休后，享受国家规定的**退休**金和其他待遇，国家为其生活和健康提供必要的服务和帮助，鼓励发挥个人专长，参与社会发展。	**第九十四条**　公务员退休后，享受国家规定的**养老**金和其他待遇，国家为其生活和健康提供必要的服务和帮助，鼓励发挥个人专长，参与社会发展。
第十五章　申诉控告	**第十五章　申诉与控告**

修订前	修订后
第九十条 公务员对涉及本人的下列人事处理不服的，可以自知道该人事处理之日起三十日内向原处理机关申请复核；对复核结果不服的，可以自接到复核决定之日起十五日内，按照规定向同级公务员主管部门或者作出该人事处理的机关的上一级机关提出申诉；也可以不经复核，自知道该人事处理之日起三十日内直接提出申诉： （一）处分； （二）辞退或者取消录用； （三）降职； （四）定期考核定为不称职； （五）免职； （六）申请辞职、提前退休未予批准；	**第九十五条** 公务员对涉及本人的下列人事处理不服的，可以自知道该人事处理之日起三十日内向原处理机关申请复核；对复核结果不服的，可以自接到复核决定之日起十五日内，按照规定向同级公务员主管部门或者作出该人事处理的机关的上一级机关提出申诉；也可以不经复核，自知道该人事处理之日起三十日内直接提出申诉： （一）处分； （二）辞退或者取消录用； （三）降职； （四）定期考核定为不称职； （五）免职； （六）申请辞职、提前退休未予批准；

修订前	修订后
（七）**未**按规定确定或者扣减工资、福利、保险待遇； （八）法律、法规规定可以申诉的其他情形。 对省级以下机关作出的申诉处理决定不服的，可以向作出处理决定的上一级机关提出再申诉。 **行政机关**公务员对**处分**不服向**行政**监察机关**申诉**的，按照**《中华人民共和国行政监察法》**的规定办理。	（七）**不按照**规定确定或者扣减工资、福利、保险待遇； （八）法律、法规规定可以申诉的其他情形。 对省级以下机关作出的申诉处理决定不服的，可以向作出处理决定的上一级机关提出再申诉。 **受理公务员申诉的机关应当组成公务员申诉公正委员会，负责受理和审理公务员的申诉案件。** 公务员对**监察机关作出的涉及本人的处理决定**不服向监察机关**申请复审、复核**的，按照**有关**规定办理。
第九十一条　原处理机关应当自接到复核申请书后的三十日内作出复核决定。受理公务员申诉的机关应当自受理之日起六十日内作出处理决定；案情复杂的，可以适当延长，但是延长时间不得超过三十日。 复核、申诉期间不停止人事处理的执行。	**第九十六条**　原处理机关应当自接到复核申请书后的三十日内作出复核决定，**并以书面形式告知申请人**。受理公务员申诉的机关应当自受理之日起六十日内作出处理决定；案情复杂的，可以适当延长，但是延长时间不得超过三十日。 复核、申诉期间不停止人事处理的执行。 **公务员不因申请复核、提出申诉而被加重处理。**

修订前	修订后
第九十二条 公务员申诉的受理机关审查认定人事处理有错误的，原处理机关应当及时予以纠正。	**第九十七条** 公务员申诉的受理机关审查认定人事处理有错误的，原处理机关应当及时予以纠正。
第九十三条 公务员认为机关及其领导人员侵犯其合法权益的，可以依法向上级机关或者**有关的专门**机关提出控告。受理控告的机关应当按照规定及时处理。	**第九十八条** 公务员认为机关及其领导人员侵犯其合法权益的，可以依法向上级机关或者**监察**机关提出控告。受理控告的机关应当按照规定及时处理。
第九十四条 公务员提出申诉、控告，不得捏造事实，诬告、陷害他人。	**第九十九条** 公务员提出申诉、控告，**应当尊重事实，**不得捏造事实，诬告、陷害他人。**对捏造事实，诬告、陷害他人的，依法追究法律责任。**
第十六章 职位聘任	**第十六章 职位聘任**
第九十五条 机关根据工作需要，经省级以上公务员主管部门批准，可以对专业性较强的职位和辅助性职位实行聘任制。 前款所列职位涉及国家秘密的，不实行聘任制。	**第一百条** 机关根据工作需要，经省级以上公务员主管部门批准，可以对专业性较强的职位和辅助性职位实行聘任制。 前款所列职位涉及国家秘密的，不实行聘任制。

修订前	修订后
第九十六条 机关聘任公务员可以参照公务员考试录用的程序进行公开招聘，也可以从符合条件的人员中直接选聘。 机关聘任公务员应当在规定的编制限额和工资经费限额内进行。	**第一百零一条** 机关聘任公务员可以参照公务员考试录用的程序进行公开招聘，也可以从符合条件的人员中直接选聘。 机关聘任公务员应当在规定的编制限额和工资经费限额内进行。
第九十七条 机关聘任公务员，应当按照平等自愿、协商一致的原则，签订书面的聘任合同，确定机关与所聘公务员双方的权利、义务。聘任合同经双方协商一致可以变更或者解除。 聘任合同的签订、变更或者解除，应当报同级公务员主管部门备案。	**第一百零二条** 机关聘任公务员，应当按照平等自愿、协商一致的原则，签订书面的聘任合同，确定机关与所聘公务员双方的权利、义务。聘任合同经双方协商一致可以变更或者解除。 聘任合同的签订、变更或者解除，应当报同级公务员主管部门备案。
第九十八条 聘任合同应当具备合同期限，职位及其职责要求，工资、福利、保险待遇，违约责任等条款。 聘任合同期限为一年至五年。聘任合同可以约定试用期，试用期为一个月至**六**个月。 聘任制公务员**按照国家规定**实行协议工资制，具体办法由中央公务员主管部门规定。	**第一百零三条** 聘任合同应当具备合同期限，职位及其职责要求，工资、福利、保险待遇，违约责任等条款。 聘任合同期限为一年至五年。聘任合同可以约定试用期，试用期为一个月至**十二**个月。 聘任制公务员实行协议工资制，具体办法由中央公务员主管部门规定。

续表

修订前	修订后
第九十九条 机关依据本法和聘任合同对所聘公务员进行管理。	**第一百零四条** 机关依据本法和聘任合同对所聘公务员进行管理。
第一百条 国家建立人事争议仲裁制度。 **人事争议仲裁应当根据合法、公正、及时处理的原则，依法维护争议双方的合法权益。** 人事争议仲裁委员会**根据需要设立**。人事争议仲裁委员会由公务员主管部门的代表、聘用机关的代表、聘任制公务员的代表以及法律专家组成。 聘任制公务员与所在机关之间因履行聘任合同发生争议的，可以自争议发生之日起六十日内**向人事争议仲裁委员会**申请仲裁。当事人对仲裁裁决不服的，可以自接到仲裁裁决书之日起十五日内向人民法院提起诉讼。仲裁裁决生效后，一方当事人不履行的，另一方当事人可以申请人民法院执行。	**第一百零五条** 聘任制公务员与所在机关之间因履行聘任合同发生争议的，可以自争议发生之日起六十日内申请仲裁。 **省级以上公务员主管部门根据需要设立**人事争议仲裁委员会，**受理仲裁申请**。人事争议仲裁委员会由公务员主管部门的代表、聘用机关的代表、聘任制公务员的代表以及法律专家组成。 当事人对仲裁裁决不服的，可以自接到仲裁裁决书之日起十五日内向人民法院提起诉讼。仲裁裁决生效后，一方当事人不履行的，另一方当事人可以申请人民法院执行。
第十七章 法律责任	**第十七章 法律责任**

续表

修订前	修订后
第一百零一条 对有下列违反本法规定情形的，由县级以上领导机关或者公务员主管部门按照管理权限，区别不同情况，分别予以责令纠正或者宣布无效；对负有责任的领导人员和直接责任人员，根据情节轻重，给予批评教育**或者**处分；构成犯罪的，依法追究刑事责任： （一）不按编制限额、职数或者任职资格条件进行公务员录用、调任、转任、聘任和晋升的； （二）不按规定条件进行公务员奖惩、回避和办理退休的； （三）不按规定程序进行公务员录用、调任、转任、聘任、晋升、**竞争上岗、公开选拔**以及考核、奖惩的； （四）违反国家规定，更改公务员工资、福利、保险待遇标准的； （五）在录用、**竞争上岗、公开选拔**中发生泄露试题、违反考场纪律以及其他严重影响公开、公正的；	**第一百零六条** 对有下列违反本法规定情形的，由县级以上领导机关或者公务员主管部门按照管理权限，区别不同情况，分别予以责令纠正或者宣布无效；对负有责任的领导人员和直接责任人员，根据情节轻重，给予批评教育**、责令检查、诫勉、组织调整**、处分；构成犯罪的，依法追究刑事责任： （一）不按**照**编制限额、职数或者任职资格条件进行公务员录用、调任、转任、聘任和晋升的； （二）不按**照**规定条件进行公务员奖惩、回避和办理退休的； （三）不按**照**规定程序进行公务员录用、调任、转任、聘任、晋升以及考核、奖惩的； （四）违反国家规定，更改公务员工资、福利、保险待遇标准的； （五）在录用、**公开遴选等工作**中发生泄露试题、违反考场纪律以及其他严重影响公开、公正**行为**的；

续表

修订前	修订后
（六）不按规定受理和处理公务员申诉、控告的； （七）违反本法规定的其他情形的。	（六）不按**照**规定受理和处理公务员申诉、控告的； （七）违反本法规定的其他情形的。
第一百零二条 公务员辞去公职或者退休的，原系领导成员的公务员在离职三年内，其他公务员在离职两年内，不得到与原工作业务直接相关的企业或者其他营利性组织任职，不得从事与原工作业务直接相关的营利性活动。 公务员辞去公职或者退休后有违反前款规定行为的，由其原所在机关的同级公务员主管部门责令限期改正；逾期不改正的，由县级以上**工商行政管理**部门没收该人员从业期间的违法所得，责令接收单位将该人员予以清退，并根据情节轻重，对接收单位处以被处罚人员违法所得一倍以上五倍以下的罚款。	**第一百零七条** 公务员辞去公职或者退休的，原系领导成员、**县处级以上领导职务**的公务员在离职三年内，其他公务员在离职两年内，不得到与原工作业务直接相关的企业或者其他营利性组织任职，不得从事与原工作业务直接相关的营利性活动。 公务员辞去公职或者退休后有违反前款规定行为的，由其原所在机关的同级公务员主管部门责令限期改正；逾期不改正的，由县级以上**市场监管**部门没收该人员从业期间的违法所得，责令接收单位将该人员予以清退，并根据情节轻重，对接收单位处以被处罚人员违法所得一倍以上五倍以下的罚款。

修订前	修订后
第一百零三条　机关因错误的**具体**人事处理对公务员造成名誉损害的，应当赔礼道歉、恢复名誉、消除影响；造成经济损失的，应当依法给予赔偿。 （本条移至第一百一十条）	
第一百零四条　公务员主管部门的工作人员，违反本法规定，滥用职权、玩忽职守、徇私舞弊，构成犯罪的，依法追究刑事责任；尚不构成犯罪的，给予处分。	**第一百零八条**　公务员主管部门的工作人员，违反本法规定，滥用职权、玩忽职守、徇私舞弊，构成犯罪的，依法追究刑事责任；尚不构成犯罪的，给予处分**或者由监察机关依法给予政务处分**。
	第一百零九条　在公务员录用、聘任等工作中，有隐瞒真实信息、弄虚作假、考试作弊、扰乱考试秩序等行为的，由公务员主管部门根据情节作出考试成绩无效、取消资格、限制报考等处理；情节严重的，依法追究法律责任。

续表

修订前	修订后
	第一百一十条 机关因错误的人事处理对公务员造成名誉损害的，应当赔礼道歉、恢复名誉、消除影响；造成经济损失的，应当依法给予赔偿。 （原第一百零三条移至此）
第十八章 附则	**第十八章 附则**
第一百零五条 本法所称领导成员，是指机关的领导人员，不包括机关内设机构担任领导职务的人员。	**第一百一十一条** 本法所称领导成员，是指机关的领导人员，不包括机关内设机构担任领导职务的人员。
第一百零六条 法律、法规授权的具有公共事务管理职能的事业单位中除工勤人员以外的工作人员，经批准参照本法进行管理。	**第一百一十二条** 法律、法规授权的具有公共事务管理职能的事业单位中除工勤人员以外的工作人员，经批准参照本法进行管理。
第一百零七条 本法自2006年1月1日起施行。**全国人民代表大会常务委员会1957年10月23日批准、国务院1957年10月26日公布的《国务院关于国家行政机关工作人员的奖惩暂行规定》、1993年8月14日国务院公布的《国家公务员暂行条例》同时废止。**	**第一百一十三条** 本法自2019年6月1日起施行。

图书在版编目（CIP）数据

中华人民共和国公务员法：修订对照版. — 北京：党建读物出版社，2019.1

ISBN 978-7-5099-1118-1

Ⅰ. ①中… Ⅱ. Ⅲ. ①公务员法—中国 Ⅳ. ①D922.11

中国版本图书馆CIP数据核字（2019）第000588号

中华人民共和国公务员法
ZHONGHUA RENMIN GONGHEGUO GONGWUYUANFA
修订对照版

责任编辑：朱玲
责任校对：张学民
封面设计：也在
出版发行：党建读物出版社
地　　址：北京市西城区西长安街 80 号南楼（邮编：100815）
网　　址：http://www.djcb71.com
电　　话：010-58587122 / 7166
经　　销：新华书店
印　　刷：北京中科印刷有限公司
2019 年 1 月第 1 版　2019 年 1 月第 1 次印刷
880 毫米 ×1230 毫米　32 开本　4 印张　46 千字
ISBN 978-7-5099-1118-1　定价：8.00 元
